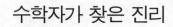

수학자가 찾은 진리

KB189955

특별히 _____ 님께
이 소중한 책을 드립니다.

수학자가 찾은 진리

A MATHEMATICIAN
TO FIND THE TRUTH

안승호 교수 지음

나침반

믿음에서 믿음으로 이르길 바라며

하나님은 믿을 수 없는 대상이라고 나는 생각했습니다.

수학에서는 참이라고 증명된 명제만을 진리로 채택합니다. 수학을 전공한 나로서 하나님은 그 존재를 증명할 수가 없으므로 믿을 수 있는 대상이 아니라고 생각했기 때문입니다. 대부분의 사람들이 그렇듯이 가장 확실하게 믿을 수 있는 사람은 나 자신 뿐이라고 생각하며 살았습니다.

신뢰를 최고의 가치로 여기며 60해 가까이 나를 믿고 살아온 나에게 나는 여지없이 버림을 받았습니다. 부부간의 신뢰 문제로 가정이 파경 위기에 놓이게 되었기 때문입니다. 둘만의 힘으로 가정을 회복하는 것이 불가능하다고 판단하여 교회를 찾게 되었고, 교회에 출석함으로 하여 세례를 받게 되었습니다.

세례를 받은 지 정확히 일주일 후 나는 충격적인 영적 체험을 하게 되었습니다. 나는 비로소 알게 되었습니다. 하나님은 우리의 논리에 의해 우리의 능력으로 믿는 것이 아니고 살아계신 하나님이 자신의 존재를 알게 하심으로 믿게 된다는 사실을.

그 후 나는 한 달도 안 되어서 성경책을 완독하게 되고, 수없이 많은 영적 체험을 하게 되었으며, 자연스럽게 나는 신비로운 영적 세계로 깊이 빠져 들어가게 됩니다. 영적 분별력이 없던 나는 결국 악한 영에 사로 잡혀서 손과 발을 내 마음대로 움직일 수 없는 지경에까지 이르게 됩니다. 나를 구속하신 나의 하나님께서는 절박한 가운데서 나로 하여금 기도하도록 하시고 악한 영으로부터 나를 풀어주시어 하나님의 선택을 특별히 받은 대단한 사람으로 알고 종횡 무진하던 나를 그저 평범한 한 사람으로 되돌려 놓으셨습니다.

하나님께서 우리에게 자신을 드러내시는 방법은 3가지가 있습니다.

자연계의 신비로움을 통한 자연계시, 성경을 통한 특별계시, 그리고 가장 중요한 것이 마음판에 새긴 말씀인 성령을 통한 증거입니다. 우리는 성경을 통하여 하나님이 어떤 분인지를 알 수가 있습니다. 성경은 성령의 조명하에 읽어야 합니다. 예수 그리스도의 영이신 성령을 통하지 않고 성경을 볼 때 성경은 사람으로서는 감히 행할 엄두를 낼 수도 없는 행위를 하라는 명령으로 가득한 책이 됩니다. 하나님을 믿는 사람들이 세상 사람들의 조롱거리가 되는 이유가 바로 여기에 있습니다. 하나님을 믿는 사람들도 믿지 않은 사람들과 별 차이 없이 성경에서 하라고 하는 말씀과는 너무도 다른 삶을 살아가고 있기 때문입니다.

전지전능하시고 무소 부재하신 하나님의 위대함 앞에서 인간이 얼마나 미약한 존재인지를 깊이 깨닫지 못한다면 우리의 영혼과 육체를 지으시고 영원한 생명으로 인도하시는 하나님을 이해할 수가 없을 것입니다. 하나님을 알지 못하는 사람들은 바람에 날리는 겨만큼도 못한 우리의 행위를 내세우려고 하게 되어있으며, 그러한 상태의 눈과 귀로 성경을 보고 들을 때 성경은 행할 수 없는 것을 행하라고 하는 책으로써 은혜를 주시고자 하시는 하나님의 뜻과는 거리가 먼 세상의 책 중의 하나가 되고 맙니다.

예수를 통하지 않고서는 하나님께서 우리에게 두신 깊은 뜻을 헤아릴 수가 없습니다. 그래서 기독교를 예수교라고 합니다. 예수께서는 율법인 육체로 오시어 율법에게 심판을 받아서 십자가에 달리어 돌아가셨습니다. 율법의 완성은 하나님이신 예수께서 사람으로 오시어 십자가에서 피 흘려 죽는 것입니다. 예수께서는 자신뿐이 아니고 자신이 사랑하는 모든 백성들과 함께 못 박히셨습니다. 그리고 부활하셨습니다.

율법인 육체로 죽고 영으로 다시 사신 것입니다.

예수와 함께 죽은 백성들도 예수의 몸이 되어 예수와 함께 부활하게 됩니다. 육체가 죽고 영으로 부활한 하나님의 백성들은 육체의 상징인 머리가 없어지고 예수의 몸이 되어서 자신의 행위는 죽고 예수의 행위만 남게 됩니다. 이러한 모습을 교회라고 하며 그래서 하나님을 믿는 성도를 교회라고 부르는 것입니다.

그러므로 우리는 주님의 뜻대로 살도록 인도하여 달라고 매일 기도합니다. 행위의 주체가 내가 되었을 때 우리는 염려하고 불안해 하지만 그 행위의 주체가 예수라는 것을 믿는다면 모든 것을 예수께 맡겨 버리는 것입니다. 그래서 나는 무거운 짐을 벗고 자유로워지게 됩니다.

성경 역사로 보면 하나님이 먼저 소개되고 있어도 예수의 영, 부활의 영, 성령으로 예수를 그리스도로 믿고 알기 전에는 하나님도 하나님의 사역도 알 수 없고 믿을 수 없는 것입니다. 그러므로 예수를 알기 전에는 하나님을 알 수 없으며 예수 그리스도로 말미암아 하나님의 형상이 회복되기 전에는 성경의 그 어떤 내용도 믿을 수 없는 일입니다. 그러니 예수를 아는 것이 하나님을 아는 것이요 믿음을 얻는 것이요 구원을 받는 것입니다.

유대인들은 하나님의 존재에 대한 믿음이 대단하지만 예수를 알지 못하기 때문에 우리에게 영원한 생명을 주시고자 하시는 하나님의 뜻을 헤아리지 못합니다. 믿음은 믿음에서 믿음으로 갔을 때 즉 은혜 위에 은혜로 완성되어 가는 것이고 믿음에서 믿음으로 가는 여정은 예수를 알아가는 과정이며 하나님을 더욱 알아가는 길이라 할 수 있겠습니다.

"복음에는 하나님의 의가 나타나서 믿음에서 믿음으로 이르게 하나니 기록된바 의인은 오직 믿음에 의해 살리라 함과 같으니라"(롬 1-17)

사도 바울은 성경 전체를 이와 같이 한 문장으로 요약하였습니다. 우리는 모두 믿음에서 믿음으로 가는 여정 가운데 있으며 하나님은 성경을 통해 우리를 믿음으로 인도하십니다.

필자는 늦은 나이에 뜨겁게 하나님을 만나고 오직 예수를 알고자하는 열정으로 예수를 알아가면서 깨닫게 된 그 신비로움과 놀라움 그리고 그 감동과 기쁨을 성도들과 함께 나누고자하여 교회에서 발행하고 있는 계간지인 「서림」에 지속적으로 글을 투고하였습니다. 이 책은 서림지에 게재된 필자의 글들만을 모아엮은 것이며, 여기에 필자가 재직하고 있는 전남대학교 기독교수회 화요 아침 기도회에서 필자가 전한 말씀 원고들을 추가하였습니다.

이 책이 발행되기 까지 함께 수고한 나침반출판사 담당자들과 주님 안에서 동거 동고동락 하며 함께 주님을 섬기는 아내 이명숙 작가와 자녀(동흔, 동윤, 동근)들에게 감사하며, 오직 예수를 알고자하는 순수한 마음과 열정을 가진 분들에게 있어서 이 책이 조금이나마 도움이 될 수 있기를 소망합니다.

오직 믿음으로 살기를 바라며...
안승호 교수

차례

주와 동행하며

1.
잡초를 통한 계시

우리 집은 서민 단독 주택이다.

안창집이기는 하지만 터가 넓은 것이 마음에 들어서 망설이지 않고 구입하였고, 이 집에서 산지 20년 가까이 된다. 2층으로 증축하면서 대문을 밖으로 끌어내어 달았고, 시멘트로 포장된 골목과 마당의 일부를 털어내고 나무와 잔디를 심었으며, 연못을 팠고 연못에 자연수를 공급하기 위해 우물도 팠다. 정원을 조성해 놓고 집이 매우 마음에 들어서 지인들을 초대하곤 하였다. 살다보니 살림살이도 많이 늘고 하여 실내 공간이 비좁아서 아파트로 옮길 필요성을 느끼기도 하지만 철따라 바뀌는 정원을 즐길 수가 있고, 집이 도로에서 떨어져 있다 보니 조용하고, 아늑하며 흙냄새를 맡을 수 있는 장점이 있기 때문에 지금까지 눌러 살고 있다.

나는 집안일도 많이 거드는 편이지만, 특히 정원 관리는 내

몫으로 되어 있다. 나뭇가지를 전정하는 일, 사다리를 타고 올라가 종려나무 잎을 잘라내는 일, 그리고 비로 인해 넘치는 연못물을 빼내는 일 등이 정원을 가꾸는 일에 포함되어 있다. 그런데 정원 일 중에 가장 힘 드는 일이 잔디를 가꾸는 일이다. 불청객 잡초들 때문이다. 잡초 중에는 쉽게 제거할 수 있는 것도 있으나, 뿌리가 잔디의 뿌리와 뒤엉켜서 제거하기가 매우 힘이 드는 것이 있다. 이러한 잡초는 뿌리로 번식할 뿐 아니라 씨앗으로도 번식하여, 그대로 방치해 두는 경우에는 잔디밭이 온통 잡초 밭이 되는 것은 시간문제이다.

잡초를 완전히 제거하기 위해서는 잡초가 뒤엉킨 잔디를 삽으로 도려 낸 다음 호미로 털어 내어 잡초를 분리한 후 잔디를 다시 심어야 한다. 이렇게 철저히 한다고 하여도 잔뿌리가 남아 있었는지 나를 비웃기라도 하듯 여기저기 잔디 사이를 비집고 나온 어린 잡초 잎들로 인해 나의 잔디 가꾸는 일은 끊임이 없게 된다.

약 7년 전 나의 장형님이 말기 위암 진단을 받았었다.

낳은지 얼마 되지 않아서 아버지가 돌아가셨기 때문에, 아버지처럼 나를 보살펴 주셨던 형님의 발암 판정은 나를 매우 슬프게 하였다. 잔디밭에 잔디를 제거하면서 나는 형님의 장기에 퍼진 암세포는 잔디밭의 잡초와 같은 것이 아니겠는가 하고 생각하였다. 미리 제거 했어야 했는데, 모르는 사이에 암세포는 무성하여져서 제거할 수 없는 상황에까지 이르게 되었던 것이다. 조금만 더 빨리 알았더라면 하는 간절한 아쉬움만 남긴 채 형님은 암 덩어리의 완전한 포로가 되어 흙으로 돌아가시고 말았다.

　몇 년 전 나는 극심한 마음의 병을 앓고 있었다.

　상실감과 무기력감 그리고 무엇보다도 견디기 힘든 것이 시기심과 증오심이었다. 나는 살아계시는지 알지도 못한 하나님께 기도하였다. 제발 이 시기심과 증오심으로부터 나를 해방시켜 달라고. 참으로 놀랍게도 하나님께서는 살아계셨고, 응답을 기대하지도 않고 올린 나의 기도에 기다렸다는 듯이 신속히 응답해 주셨다. 그 후 나는 알게 되었다. 나의 마음이 무성한 잡초 밭이었다는 것을. 사랑 밭이어야 마땅한 내 마음은 수십 년간 방치해 둠으로 하여 무성한 잡초 밭으로 변해 있었던 것이다.

　사랑의 잔디는 미움과 시기와 욕심의 잡초에 먹혀 들어감으로 인하여 햇빛을 보지 못하고 죽어가고 있었던 것이다. 하나님께서는 이러한 잡초 밭을 갈아엎으시고, 몇 포기 남지 않은 잔디잎이 포송포송한 땅에 드문드문 푸른 잎을 드러낸 사랑의 잔디밭으로 나의 마음을 새롭게 단장하셨다. 나는 잔디밭에서 잡초를 제거하는 것과 같이 나의 마음에서 미움과 시기와 욕심의 잡초를 지속적으로 제거해 나가야 함을 알게 되었다. 잔디밭의 잡초를 제거하는 것은 사랑의 마음에서 미움과 시기와 욕심 등을 제거하는 것의 모형이 되었다.

잡초는 뿌리가 자리 잡히지 않은 어린 상태에서 제거해야 제거하기도 쉽고, 잔디밭이 예쁘게 보인 것 같이 내 마음 속에서 미움이나 시기심 그리고 욕심 등의 죄악이 뿌리 내리지 못하게 신속히 제거해야 한다. 잔디밭의 잡초를 제거하는 데 호미나 삽이 필요한 것 같이 사랑 밭의 잡초를 제거하기 위해서도 도구가 있어야 하는데 그것은 곧 기도이다. 특히 미움이나 시기심 같이 사랑에 위협적인 잡초를 제거하기 위해서는 그에 걸맞는 강한 기도가 필요하다.

믿음의 시작은 사랑 밭에 잡초가 있음을 인식하는 것이다. 잡초가 자라는 것을 보지 못하고 방치해 둠으로 하여 사랑은 죽임을 당하고, 결국은 나의 영혼도 잡초에 의해 말라져 죽고 말 것이기 때문에 잡초는 무서운 것이다. 그 잡초는 곧 사탄이고, 이것은 주님을 통해서만이 알 수 있는 것이며, 나 역시도 주님을 통해서 알게 되었다.

신앙생활이라는 것은 시시 때때로 침투해 자리 잡고자 하는 사랑 밭의 잡초들을 제거하면서 기쁘게 살아가는 것이리라. 내 마음에 잡초가 제거되니, 믿을 수 없는 성경을 믿게 되었고, 성경을 통해 내가 구원을 받기 위해서는 어떻게 살아야 하는지를 알게 되었다. 그것은 곧 사랑의 잔디밭을 잘 가꾸어 잡초가 없는 멋있는 밭으로 만들어가야 한다는 것이다.

보이지 않는 하나님이 이 세상을 통치하고 계심을 알게 되었고, 하나님의 나라를 완성하기 위해 하나님의 사람을 하나님께서 택하여 쓰고 계신다는 놀라운 사실을 알게 되었다. 하나님의 백성이 되는 것은 하나님께서 하나님의 나라를 만들어 가는데 하나님의 일꾼의 한사람으로 참여하는 것이다.

예수님께서는 말씀하셨다. "먼저 그의 나라와 그의 의를 구하라"(마 6:33)고. 그렇다. 잡초의 씨앗을 차단하는 촘촘한 울타리는 먼저 그의 나라와 그의 의를 구하는 것일 것이다. 내 중심의 삶의 방식에서 벗어나 하나님 중심의 삶의 방식으로 살아가는 것이 먼저 그의 나라와 그의 의를 구하는 삶의 방식일 것이다.

그런데 잔디밭을 통해 내가 가장 크게 깨달은 것은 구약은 잔디밭의 잡초를 제거하는 것, 곧 세상을 다스리는 하나님의 통치 모습을 보여주는 것이고, 신약은 사랑 밭의 잡초를 제거하는 것, 곧 천국을 다스리는 하나님의 통치 모습을 보여주는 책이라는 것이다. 구약의 말씀만을 가지고 있는 유대인은 천국의 기쁨을 누리지 못하며 살아가고 있기 때문에 하나님이 특별히 택한 민족이 전도의 대상 민족으로 전락하고 말았다.

하나님께서는 이스라엘 민족에게 이스라엘 민족을 배경으로 한 구상화를 그려 주었고, 예수님을 통하여 추상화도 그려 주었지만, 이스라엘 민족은 그 추상화를 이해하지 못하여 내 던져버리고 제발 자기들이 원하는 구상화를 그려 달라고 하나님께 애원하고 있는 세대에 우리가 살고 있다.

창조주 우리 하나님의 지혜는 세상을 창조한 그 자체 보다 훨씬 더 크고 놀라운 것이다. 그런데 하나님께서 창조하신 모든 것은 그 무엇도 목적 없이 창조된 것이 없다는 것이다. 있어서 아무 유익을 주지 못한 것으로 생각되기 쉬운 잡초마저도 이것을 통해 하나님의 구원의 진리를 엿 볼 수가 있기 때문이다.

'살아계신 하나님 아버지! 우리를 창조하시고 우리 마음에 하나님의 사랑의 씨앗을 뿌려 놓았는데 뿌리지도 않은 잡초가 사랑 밭을 침범하여 미움과 증오의 밭으로 변모되어 감으로 인해 우리들을 죽음에 이르게 하고 있사옵니다. 그 가증스런 잡초들을 잔뿌리 하나 없이 제거하여 주시고, 또 다른 잡초의 씨앗이 침투하여 발아하지 못하도록 주께서 막아 주시옵소서. 예수님의 이름으로 기도드립니다. 아멘.'

2.
진짜와 가짜

90년대 초에는 인터넷 쇼핑이 일반화 되지 않음으로 인하여, 외판원이 성행하던 시기였다. 외판원이 가장 선호하는 고객은 교사나 교수라고 한다. 각박한 세상에서 그래도 이들이 자기네들의 상술이 비교적 잘 통하는 사람들 가운데 속하기 때문일 것이다.

나도 교육자 중의 한 사람으로서 외판원들의 사랑을 받는 고객 중의 하나였다. 내가 상품을 구매하기까지는 그다지 오랜 시간이 필요하지 않는다. 상품의 질도 좋고 가격도 저렴하다는 외판원의 설득에 쉽게 마음이 움직이기 때문이다. 구매한 다음에는 대부분 후회가 되었지만 그 때 뿐이고, 또 다른 실수를 반복하곤 하였다.

그러다가 큰 봉변을 당한 적이 있다.

독일에서 직수입하였다고 하여 음질이 매우 좋다고 한 말을 믿고 클래식 CD 한 박스를 구입하였다. 모처럼 고 음질의 음악을 빨리 들어야겠다는 기대감에 집에 도착하자마자 한 장을 꺼내어 청취하였는데 아뿔사 그나마 다행인지 클래식이 들려야할 음반에서 대중가요가 흘러나온 것이었다.

다음 날 외판원을 사무실로 오게 하여 반품을 요구하였는데 쉽게 물러 줄 리가 없었다. 대머리에 땅딸막하고 다부진 신사는, 당시 50대 남자로 기억되는데, 순간 악마로 변하여 고성의 모욕적인 언사를 서슴지 않았다. 앞 사무실 동료가 무슨 일인가 하고 염려하여 방문을 두드리기 까지 할 정도였다. 도둑이 매 든 격이니 너무도 기가 막혔고 무엇보다도 창피하고 자존심이 상했다. 반품하지 않은 대신에 대중가요 CD를 증거물로 하여 고발하겠다고 협박함으로써 상황은 반전되었고, 거짓 CD는 거짓의 품으로 되돌려졌다.

지금 이 시대에 우리나라만큼 가짜가 난무하는 나라가 또 있을까 할 정도로 가짜 속에서 우리는 살고 있다. 이러한 세태를 반영하듯 여기도 짜가 저기도 짜가를 읊어 대는 대중가요가 인기를 끌기도 하였다. 중국산 농산물이 난무하는 상황에서도 국산 아닌 농산물이 없고, 자연산 추어탕, 자연산 회, 한우 쇠고기 등 가짜를 진짜라고 하며 소비자를 우롱하는 상인들의 횡포는 그 수를 헤아리기 쉽지 않다.

가짜 중에는 가짜인 것을 알고 써달라는 가짜가 있는 반면, 가짜가 아닌 것처럼 감쪽같이 속이는 가짜가 있다. 가짜인 것을 알게 하는 가짜는 그나마 우리에게 도움을 주는 가짜인 경우가 많다. 이러한 가짜를 짝퉁이라고 한다는데, 상도덕으로 보면 잘못된 것이겠지만 소비자의 입장에서 보면, 값비싼 진짜를 갖고 싶지만 경제적인 능력이 미치지 못한 사람들에게 있어서 짝퉁은 사랑 받고 있는 상품임에 틀림이 없다.

평양 대 부흥 100주년을 맞이하여 범 기독교적인 대 집회가 서울 상암 월드컵 경기장에서 있었다. 이 자리에서 옥한흠 목사는 "내가 그놈입니다" 하고 고해성사 비슷한 과히 충격적인 기도를 하였다. 세상 사람들의 비위를 맞추기 위해 하나님의 말씀을 온전히 전하지 못한 자신의 잘못을 가슴 깊이 반성하는 참회의 기도 말씀은 어쩌면 한국 교회 대부분의 목사들의 고백일 수도 있고, 그래서 그 기도가 대표성이 있는 것인지도 모른다.

예수님은 세상의 눈으로 보면 참으로 믿고 싶지 않은 분으로 오셨다. 역사적으로 하나님의 권능을 수없이 많이 체험했던 이스라엘 사람들에게 있어서는 예수님이 메시아라고 말하는 것 자체가 신성 모독일 수 밖에 없었을 것이다. 오시기로 약속한 메시아는 완전히 예상 밖의 방법으로 오시어 하나님을 극진히 섬긴다고 자부하는 귀족들 편에 서지 않으시고 세상의 삶에 지친 사람들 편에 서서 예전에는 들어보지도 못한 하나님 나라와 하나님의 성품에 대한 메시지를 전하셨다.
회칠한 무덤이라고까지 바리새인들을 나무라셨던 예수님은 분명 오병이어의 기적을 일으키신 하나님의 아들이었다. 그러나 그 분은 자기의 권능을 세상 사람들이 갖고자 하는 물질이나 명예 권력을 위해 사용하지 않으셨다. 하나님이 아니면 행할 수 없는 기적을 행하셨던 것은 오직 자신이 하나님의 아들임을 믿도록 하기 위함이었고, 우리에게 주시기 원하셨던 것은 세상 욕심을 채워주고 세상 문제를 해결해 주는 것 대신에 가진 것에 만족하며 마음의 평안함을 누려 천국에 가도록 하는 것이었다.

당시 유대인들은 크게 둘로 나뉘어 있었던 것 같다. 즉 예수님이 진짜이기를 간절히 바랐던 사람들과 예수님이 가짜라는 것을 증명해 보이고 싶었던 사람들로 서이다. 예수님이 초라한 모습으로 빌라도 앞에 섰을 때 진짜이기를 바랐던 사람들은 큰 배신감을 느꼈을 것이고, 가짜임이 입증되었다고 믿는 사람들에게는 그 보다 더 통쾌한 장면이 아닐 수가 없었을 것이다. 결국 예수님은 믿음이 가장 좋다고 했던 수제자 베드로를 포함한 모든 사람들에게 버림을 받았던 것이다. 진짜라고 믿었던 사람들은 극한 배신감에 사로잡혀 분노의 돌을 던졌고, 가짜임이 밝혀졌다고 믿는 사람들은 "하나님을 모독한 극악 죄인아 네 꼴이 비참하다" 하며 멸시와 저주의 침을 뱉었을 것이다.

그러나 진짜이기를 진짜 바라고 돌아가신 후에도 믿으면 죽인다는 세상의 위협을 무릅쓰고 예수님을 지켰던 사람들에게 예수님은 살아 돌아오시어 그들에게 영원한 삶을 약속하셨다. 예수를 믿으면 구원을 얻는다. 그런데 믿음이 알려지면 죽임을 당한다는 상황에서의 믿음과, 믿는다고 말하는 것이 두렵거나 부끄럽지도 않은 상황에서의 믿음은 완전히 다른 것이다. 믿음으로 심판을 받았다고 말씀하신 상황은 믿으면 죽임을 당하는 상황에서 하신 말씀이라는 것을 유념하여야 할 것이다. 예수님이 우리나라에 오신 지 200년이 채 안된 지금 우리 민족의 모습을 2000년 전의 유대인의 모습과 견주어 생각해 볼 필요가 있다. 즉 진짜이기를 바라는 교회안의 사람들과 가짜임이 틀림없다고 생각하는 교회 밖의 사람들로 서이다. 우리는 진짜이기를 바라고 예수님을 따르는 성도들이다. 그러나 우리들도 예수가 없이는 삶의 의미를 전혀 찾을 수 없는 사람들(목숨을 걸고 예수를 지키고자 하는 사람들)과 예수가 없어도 살만한 세상이라고 생각하는 사람들의 두 부류로 나눌 수가 있지 않을까 생각한다. 예수님의 재림시에 예수님과 동행할 사람들은 어떤 부류의 사람들일까에 대해서는 다시 말할 여지가 없을 것이다. 예수님의 재림시에 참예하는 자 중의 하나가 될 수 있도록 순결한 영혼을 지켜 나가기 위해 항상 깨어서 기도하라고 하나님은 성경을 통해 우리에게 분명히 말씀하시고 계신다.

기독교가 세상 종교와 다른 것이 무엇인가.

기독교는 하나님이 창조하신 모든 만물을 죄에서 구원하기 위해 일하시는 하나님의 통치 사역에 동참하는 사람들의 종교이다. 이같이 독특한 종교임을 알지 못하고 석가모니나 성황당의 빈자리에 하나님을 모시는 믿음으로 심판을 면할 수 있을 것인가에 대해 우리는 심각하게 생각해 보아야 한다.

마태복음 4장 1절부터 11절에서 예수님께서 성령에 이끌리어 마귀에게 시험을 받는 장면이 기록되어 있다.

첫 번째 시험은 하나님의 아들이거든 돌을 떡으로 만들라는 것이었다. 예수님은 "사람이 떡으로만 사는 것이 아니요 하나님의 입으로 나온 모든 말씀으로 산다"고 말씀하심으로 하여 이 세상에 오신 목적은 떡을 주기 위한 것이 아니고 하나님의 말씀을 전하기 위해 오셨음을 분명히 하셨다.

두 번째 시험은 높은 곳에서 뛰어 내리라는 것이었다. 하나님의 아들은 이 세상의 그 어떤 것으로도 상하게 할 수 없는 것이기 때문이다. 예수님은 "주 너희 하나님을 시험치 말라"고 하셨다. 하나님의 아들이 스스로 하나님의 아들임을 시험한다는 것 자체가 모순일 것이다. 이것으로 인해 예수님 앞에서 마귀의 정체성이 여지없이 드러나고 만다.

자신의 정체성이 드러나자 마귀는 장난기 어린 제안을 한다. "나에게 엎드려 경배하면 천하 만국과 모든 영광을 주겠다"고 하였다. 세상 것으로 유혹하여 믿음의 사람들을 실족케 하는 마귀의 전형적인 수법이 바로 이것인 것이다. 예수님은 주 너희 하나님께 경배하고 다만 그를 섬기라고 명령함으로 하여 마귀를 물러가게 하셨다.

경배하면 세상 것을 주겠다고 하는 것이나 세상 것을 달라고 경배하는 것이 뭐가 다른지 생각해 볼 필요가 있다. 우리가 하나님의 아들이 되기 위해서는 엎드려 경배하여 세상 것을 달라고 하는 것이 아니고 나와 내가 가진 것을 주신 하나님께 감사하며 엎드려 경배해야 하는 것이 마땅한 것이다.

이와 같이 생각해 볼 때 부와 명예와 권력을 소유하기 위한 기도가 응답 받았다고 하여 기뻐할 일이겠는가에 대해서는 다시 생각해 볼 일이다.

가짜 중에 가장 경계해야 할 가짜는 진짜로 철석 같이 믿었던 것이 가짜인 경우일 것이다. 예수 그리스도를 구세주로 영접하지 않고, 교회만 열심히 다니면 심판을 받지 않을 것으로 믿은 성도가 하나님의 심판대 앞에 섰을 때, 심판이 없다고 하신 하나님의 말씀을 굳게 믿고 살아왔는데 억울하다고 호소하면, 하나님께서는 "억울할 것이 하나도 없다. 너는 내가 아닌 세상에서 원하는 것들을 달라고 하여 다 주었기 때문에 일반 사람들에 비해서 불이익을 받은 것이 없느니라. 그러니 더 이상 보상해 줄 것이 없다"라고 말씀하신다면 더 이상 할 말이 없을 것이다.

그렇다. 기복신앙. 그것은 진짜 믿음이 아니고 가짜 믿음인 것이 분명하다. 기독교가 기복신앙이라면 세상 종교와 아무런 차이가 없다. 기독교는 감사의 신앙이다.

에녹을 사랑하신 하나님은 홍수의 심판에서 노아의 여덟식구를 구원하셨는데, 그 행운의 주인공이 우리 모두의 조상이시니 우리는 무지무지하게도 운이 좋은 사람들이다. 더구나 우리는 우리를 영원히 살리기 위해 십자가에 피흘려 돌아가시어 부활 승천하신 예수님이 다시 오실 것이라는 고귀한 믿음을 선물로 받은 사람들이다.

그러니 살아 숨 쉬는 것만으로도 감사하고, 비록 현재의 삶이 힘들고 고단하다고 해도 영원한 천국에 소망을 품고 어려움을 감내하면서 담대히 살아가는 것이 기독교 신앙을 가진 사람들의 독특한 삶의 방식인 것이다. 세상의 이해관계에 의해 적으로 지냈던 세계 모든 만방에 대해 강한 형제애를 느끼고 우리 모두 한 핏줄임을 알게 하여 거할 곳이 무한한 하나님의 나라에 함께 들어가도록 최선을 다하는 것이 하나님의 택함을 받은 자녀들의 공통적이고 뚜렷한 삶의 목표인 것이다.

가톨릭을 포함하면 우리나라 인구의 삼분의 일 이상이 예수를 믿는다고 한다. 예수님께서는 성도를 소금이라 하셨다. 물의 삼분의 일이 소금이라면 정녕 그 물은 농도가 짙은 소금물이어야 할 텐데 우리 현실은 그것과는 너무도 거리가 먼 것 같다. 우리는 진짜 소금이 되어, 세상과 함께 썩어지는 것이 아니고, 세상이 부패하지 않도록 짠 맛을 공급하는 귀한 성도로 거듭나기 위해 주야로 말씀을 묵상하며 쉬지 않은 기도로 투구와 갑옷을 삼아 이 세상 권세를 잡은 사탄의 유혹에 빠지지 않기 위해 최선을 다해야 할 것으로 믿는다.

3.
광야

하나님께서 이스라엘 백성을 에굽의 종으로부터 구원하시고 인도하신 곳이 사막 땅 광야였다. 광야는 이스라엘 백성이 들어가고자 하는 의지와는 상관없는 땅이었다. 또한 광야 생활이 그렇게 오래 될 것이라고 생각하지도 않았다. 이스라엘 사람들은 하나님의 생각과는 전혀 다른 생각을 하고 있었기 때문이다. 이스라엘 백성을 바로의 손에서 구원하시기 위해 행하신 10가지 기적들과 바다를 가르시어 바로의 속박으로부터 풀어주신 이스라엘의 하나님께서 왜 그토록 힘든 광야 생활을 하도록 하시는지 이해할 수가 없었던 것이다.

광야 생활은 애굽의 노예생활 보다 더 견디기 어려운 생활이었다. 에굽의 종살이를 할 동안에는 싱싱한 야채도 먹을 수 있었고, 힘든 노동 후의 약주도 즐길 수 있었으며 여러 가지 생선과 육류를 즐길 수가 있었다. 그런데 광야 생활은 어떠한가. 하나님께서 내려주신 만나를 먹으면서 목숨만을 연명할 뿐이었다. 먹는 즐거움도 입는 즐거움도 마시는 쾌락도 없었다. 육체를 통한 만족은 전혀 찾을 수 없었음을 알 수 있다.

자연 하나님을 향한 불만의 소리가 나올 수밖에 없었다.
왜 우리를 애굽에서 끌어내어 이와 같이 고생을 하도록 하시느냐 하는 것이다. 이것은 어쩌면 자연스러운 반응일 것이다. 이스라엘 사람들의 생각이 잘못되어서라기 보다는 우리도 그러한 상황에서는 그러한 불만을 토로할 수밖에 없을 것이기 때문이다. 하나님에 대한 불만은 극에 달하여, 끝내 이스라엘 백성은 금송아지 우상을 새기게 된다. 하나님을 배반하게 된 것이다. 하나님을 섬기며 고생하는 것 보다는 이방 민족들이 섬기며 복을 받고 있는 신을 섬기는 것이 더 유익하다고 생각했기 때문이다. 하나님이 세상을 살아가는데 있어서는 아무런 도움이 되지 않는다고 생각하였던 것이다.

그래서 하나님을 떠나게 된 것이다. 하나님께서 이스라엘 백성에게 광야를 주신 이유는 무엇일까. 그것은 곧 우리를 위한 것이었으리라 생각한다. 이스라엘 백성들은 하나님의 구원 계획을 이루기 위해 선택 받은 민족으로서 자신들의 의지와는 상관없이 하나님의 뜻에 의해 힘든 광야 생활을 견뎌 내어야 했던 것이다. 벗어나고 싶은 광야. 그러나 벗어나고자 하면 할수록 더욱 더 고통스러운 광야생활. 광야는 늪과 같은 것이다. 구해 주는 자가 없으면 스스로 빠져 나올 수가 없기 때문이다. 이 세상은 광야이고,

가나안은 천국을 의미한 것으로 되어 있다. 광야 생활에 지친 이스라엘 민족에게 있어서의 유일한 소망은 가나안이어야 했다.

오직 하나님의 약속과 하나님의 능력만을 믿고, 가나안에 들어갈 수 있다는 소망으로 살아간다면 광야 생활은 큰 은혜의 시간이 되었을 것이다. 감사의 시간이 되었을 것이다. 먹고 입고 보는 즐거움은 없다고 하더라도 노예 생활에서 해방된 자유로움은 마음껏 누릴 수 있기 때문이다. 그런데 문제는 광야 생활을 기쁨으로 받아들여야 한다는 것은 이론일 뿐이고 실제는 그렇게 살기가 쉽지 않다.

이스라엘 백성들은 대부분 가나안에 대한 소망을 가지고 살아가기 보다는 에굽의 종살이를 그리워하며 살아가고 있었음을 알 수가 있다. 우리 중에 당시 이스라엘 민족을 비판할 만큼 자유로운 사람이 과연 몇이나 될까. "너희 중 죄가없는 사람은 이 여인을 돌로 쳐라" 하시며 땅에 글을 쓰신 예수님을 보고 모두가 도망갔듯이 너희 중 이스라엘 민족을 비판할 만큼 의롭다고 생각한 사람이 있으면 손을 들어 보아라 하였을 때 손을 들 수 있는 사람은 몇이나 될 것인가 하는 생각을 하게 된다. 죄는 죄로서 자연스럽고 의는 의로서 자연스러움이 있다. 죄인이 죄인으로 사는 것은 지극히 자연스러운 것이다. 그래서 예수님은 의인을 찾으러 오신 것이 아니고 죄인을 구원하러 오신 것이다.

예수님은 우리로 하여금 죄에 자연스러운 우리의 삶을 거슬러 의의 길로 부자연스럽게 살아가도록 하기 위해 이 세상에 오시어 죄를 거슬러 살아가는 본을 보이셨다. 우리는 세상을 살아가면서 인생의 작은 광야를 몇 번은 맞이하게 된다. 세상은 어두컴컴하고, 황량한 들판에 나와 나의 가족만이 버려져 있는 듯 느껴지는 광야. 시베리아 벌판을 거닐고 있는 듯 차가운 바람이 온몸을 스치고 지나간다. 아무런 의욕도 없어지고, 아무런 소망도 없어진다. 그 누구도 나에게 도움이 되지 못한다. 천국에 소망을 품고 광야의 삶도 기쁘게 받아들여야 한다는 것은 내가 광야와 관계없을 때 외치는 구호일 뿐이고, 내가 광야에 버려지고 보면 하나님도 도움이 되지 못한다.

법은 멀고 주먹은 가깝다고 하는 것과 같은 이치라고나 할까. 이 세상을 살아갈 길이 막막함을 느낄 때 천국은 오히려 배부른 자의 소유물인 것으로 느껴진다. 이같이 어려운 상황에 처하고 나서야 비로소 깨닫게 된다. 나의 신앙이 얼마나 거짓 신앙인가 하는 것을. 그리고 "너희가 만일 믿음이 한 겨자씨만큼만 있으면 이 산을 명하여 여기서 저기로 옮기라 하여도 옮길 것이요"(마태복음 17장20절) 라는 말씀이 나를 두고 하신 말씀이라는 것을 깨닫게 된다. 믿음이 없는 나를 발견할 때 그것이 더욱 나를 실망스럽게 한다. 내가 믿는 하나님은 어디에 계시는 것일까. 나의 가까이에서 나와 동행하시고 나를 지켜 주시며 나의 위로가 되시는 하나님은 이제 나와는 아무 상관이 없는 하나님 되고 만 것이다.

주님 안에서 마음이 평안하고 근심 걱정이 없어졌다는 나의 간증이 거짓말이었음을 깨닫게 되는 순간 절망감마저 들게 된다. 이 때 다윗의 하소연을 상기하게 된다. 하나님의 도움으로 많은 전쟁에서 승리를 맛보았던 다윗도 하나님께서 얼굴을 가리심으로 인하여 전쟁에서 패하고 절망적인 상황에 놓일 때도 있었는데, 이럴 때면 간장이 끊어질 듯 애절한 기도를 올렸던 것을 알 수가 있다.

"내 하나님이여 내 하나님이여 어찌 나를 버리셨나이까 어찌 나를 멀리하여 돕지 아니하시옵시며 내 신음하는 소리를 듣지 아니하시나이까"(시편 22편1절).

이러한 기도가 나의 기도가 되어 아무런 느낌도 없이 하나님께 매달리게 된다. 그러면서 깨닫게 된다. 나의 이 단순한 고통은 광야에 내몰려 있는 불행한 환경 때문에 기인된 것만이 아니고 광야에서 빨리 벗어나고 싶은 조급함 때문이었다는 것을. 광야는 내가 벗어나야할 곳이 아니고 거쳐 가야 할 곳임을 깨닫게 된 것이다. 광야는 나로 하여금 왜 내가 이러한 광야에 내몰리게 되었는가 하며 한탄 하도록 한다. 광야는 나를 협박한다. 너는 이 넓고 황량한 광야 생활을 결코 버텨 낼 수 없을 것이라고. 광야는 그 어떤 희망과 소망을 주지 못한다.

그러나 이스라엘 민족이 광야를 거치도록 하신 하나님의 깊은 뜻을 알게 된 나는 알게 된다. 그것은 광야가 나를 저에게서 헤어나지 못하도록 하는 거짓말쟁이라는 것을. 그래서 광야의 거짓말에 속지 않는다. 그리고는 광야에게 말한다. 너는 나의 밥이다. 너는 나의 만나이자 메추라기다. 지겹기는 하지만 이같이 너를 견디어 내면 나에게 가나안이 기다리고 있을 것이기 때문이다. 가나안은 나에게 한없는 감사와 기쁨을 제공할 것이다.

그러면서 어느덧 광야 생활에 적응되어 평안을 되찾은 내 자신을 발견하게 된다. 억눌렸던 마음의 해방감과 평안함을 느끼게 된다. 그러면서 감사드린다. 하나님께서 이스라엘 백성에게 광야를 주신 것은 나로 하여금 나의 광야를 슬기롭게 극복하도록 하신 것이었다는 것을 깨달았기 때문이다. 욕심을 부리지만 않는다면 광야 생활은 오히려 편안한 생활이다. 하나님께서 매일 먹을 것을 내려 주시므로 식량 걱정을 할 필요가 없다. 일을 할 필요도 없다. 그런데 술도 없고 채소도 없고 고기도 없고 육신을 즐겁게 해주는 그 어떤 것도 광야에서는 찾을 수 없는 것이다. 광야 생활에 적응하기 위해서는 이러한 즐거움을 포기해야 한다. 광야를 이겨 내기 위해서는 철저한 경건 생활을 하여야 한다. 하나님께 감사하고 하나님의 자녀로서의 자존심을 회복해야 한다. 그런데 광야 생활에서 무엇보다도 감사해야 할 일은 이스라엘 백성들에게 매일 만나와 메추라기를 공급해 주셨던 하나님이 나와 함께 하신다는 것이다.

광야 생활을 통해, 나는 그렇지 않는다고 하면서도 세상의 부귀영화를 목적으로 살아가는 사람들의 삶의 방식 그대로 살아왔던 자신을 발견하고, 겸손한 자세로 나를 광야로 내모신 하나님의 깊은 뜻을 헤아리기에 힘쓰게 된다. 그러면 깨닫게 된다. 광야는 믿음의 거품을 빼기 위해 하나님께서 우리에게 주신 은혜라는 것을. 잃은 것이 있으면 얻은 것도 있는 것이 세상의 이치일진대, 하나님께서 우리에게 주시고자 한 것과 우리가 갖고자 하는 것에 차이가 있었다는 것을 광야의 고난을 통해 깨닫게 된다.

그러나 우리는 광야의 고난을 좋아하지 않는다. 광야의 고난은 하나님의 막대기이고 하나님의 막대기에 맞으면 형용할 수 없는 고통이 따른다.

'하나님이시여, 우리에게 그 막대기를 멀리하여 주시옵소서. 저희의 원수 재판관이 저희를 참소하며 온갖 시험을 당하도록 주님께 고한다고 할지라도 그 말에 귀를 기울이지 마시고 저희를 고난 가운데에서 구하시옵소서. 저희는 연약하고 무지 하여서 죄의 유혹에서 벗어나기 어려우니 죄로부터 저희를 보호하여 주시옵소서. 그러나 저희가 주님의 인도하심을 거역한 채 저희의 죄를 돌이키지 못한다면 주님의 막대기를 피할 길이 없을 것이옵니다. 저희가 이겨낼 정도의 시험을 주신다고 하였으니 저희의 믿음의 정도에 따라서 주님의 막대기의 크기가 다를 것이라는 것을 알지만 주님께서 치신 매는 너무 아파서 견디기 어렵사옵니다. 저희를 시험에 들게 하지 마시옵소서. 아멘.'

4.
살아있네

오늘날 우리 사회에는 많은 유행어들이 배출되고 있고 유행어는 대인 관계의 활력소가 되고 있음을 알 수가 있다. 대화를 하는 가운데 유행어를 사용함으로 서로 간의 거리를 좁힐 수가 있고 분위기를 한층 더 유쾌하고 훈훈하게 이끌어 갈 수가 있기 때문이다. 유행어는 주로 젊은 층에서 많이 사용되어지고 있으나 남녀노소를 막론하고 동시대를 살아가는 사람들과의 관계를 부드럽게 하는 윤활류 라고 할 수가 있다.

드물긴 하지만 어떤 유행어는 그 속에 그 시대 사람들의 가치 기준 또는 주요 관심사항이 함축되어 있는 경우가 있고, 이러한 유행어는 시대가 바뀐다고 해도 사람들의 기억 속에 오래도록 남아있게 된다는 것을 알 수가 있다. 잘 아는 바와 같이 한 때 "얼마면 되겠니?" 라는 유행어가 히트를 친 적이 있었다. 가을 동화라는 드라마 속에서 돈 많은 청년 원빈이 사랑도 돈으로 사겠다며 송혜교에게 내 던진 한 마디가 대중의 사랑을 듬뿍 받게 된 것이다. 그 이유는 이 한마디의 말 가운데 황금만능주의적인 가치의식이 팽배한 우리의 시대상이 잘 드러나 있기 때문일 것이다. 얼마면 되겠니? 네가 필요한 만큼의 돈은 내가 다 줄 수 있어. 나는 그만큼 돈이 많은 사람이야. 우리는 그런 사람이 되고 싶은 것이다. 우리는 이 말을 하면서 순간 우리가 그런 사람이 되어 있다는 짜릿함을 맛보게 된다.

가진 자는 함부로 말 할 수 없는 그리고 줄 수 없는 자들이 부담 없이 즐길 수 있는 말 "얼마면 되겠니"는 우리의 사랑을 듬뿍 받기에 부족함이 없는 유행어가 아닐 수 없다. 요즈음 회자되고 있는 유행어 중 나의 시선을 끄는 것이 있다. 그것은 곧 "살아 있네"라는 것이다. 태생을 알고 보니 영화 범죄와의 전쟁에서 배우 하정우가 여자 가슴을 만지면서 했던 말이라고 한다.

밝음과 어두움, 들어감과 나옴 등 음양의 대조를 나타내 주는 말에서 양은 생명을 음은 죽음을 의미하는 것이 보통이다. 재산의 액수를 나타낼 때 양은 자산을 음은 부채를 의미한다. 재산이 음으로 계속 갈뿐 양으로 돌이킬 기미가 보이지 않을 때 그 재산은 사람을 죽음으로 몰고 간다. 나옴과 들어감에 있어서도 양은 나옴이고 음은 들어감이다. 다시 말해서 나와 있는 것은 삶을 그리고 들어가 있는 것은 죽음을 의미하는 것이다.

하정우가 가슴을 만지면서 하는 말은 '들어간 줄 알았는데 나와있네'라는 뜻으로 해석된다. "살아있네!"는 감탄사다. 살아 있는 것을 보고 감탄하는 것이 아니고 죽어 있는 것처럼 보이는 모습을 보고 감탄하는 것이다. 눈으로 보건데 죽어 있는 것이 자세히 들여다보니 살아 있을 때 감탄하는 것이다.

그래서 이 말에는 기쁨, 환희, 희열, 희망, 소망 등의 의미가 내포되어 있다. 생명이 있는 모든 것은 삶을 향하여 질주하게 되어있다. 하나님께서는 호흡하는 모든 것을 창조하시고 살아가기 위한 지혜도 함께 주셨다. 이 지혜는 곧 생육하고 번성케 하시는 하나님의 지혜인 것이다. 그러므로 모든 생명체 속에는 하나님의 지혜가 담겨져 있다. 자동차가 움직이고 비행기가 하늘을 날며 배가 바다 위에서 떠다니는 것이 사람의 지혜에서 비롯된 것과 같이 모든 생명체가 번식하고 번성하는 것은 하나님의 지혜에서 기인된 것이다.

생명체는 동물과 식물로 대별할 수가 있다.

동물과 식물이 크게 다른 점은 동물은 삶과 죽음을 구별할 수 있으나 식물은 그렇지 못하다는 것이다. 또한 동물은 살아있는 것을 먹잇감으로 하여 살아가고 있으나 식물은 죽은 것을 먹고 살아난다는 것이다. 산 것을 먹고 사는 자는 살고 죽음을 판별할 수 있음을 알게 된다. 살고 죽은 것을 판단하는 인간의 능력은 모든 동물들에게 공통적으로 주어진 것으로서 다른 동물에 비해서 독특한 능력이 아니다.

하나님께서는 사람의 육체를 흙으로 지으셨다. 그리고 생기를 코에 불어 넣으심으로 사람이 생령이 되게 하셨다. 사람이 다른 동물과 다른 점은 사람에게는 하나님의 생기가 들어 있기 때문이다. 선악과 사건 이후 사람에게서 하나님의 생기가 흐려지고 파괴 되었고 하나님의 생기가 흐려진 자리를 사탄이 차지하게 되었다. 이러한 사람을 하나님께서는 죽은 자 라고 말씀하신다.

빛은 양이자 삶이고 어두움은 음이자 죽음이다.

빛은 하나님이고 어두움은 사탄이다. 그러므로 사탄이 들어가 있는 사람은 하나님 보시기에 죽은 자인 것이다. 이는 사람이 살고 죽는다는 것에는 우리가 알고 있는 생물학적 의미 이외의 다른 영적인 의미를 내포하고 있음을 의미한다.

우리가 판단하고 있는 사람의 살고 죽음은 동물의 수준에 불과할 뿐 실제적인 판별은 사람이 할 수 없다는 것이다. 사람이 살아 있는지 죽어있는지는 우리가 알 수 없고 우리를 지으신 하나님만이 아실 수가 있는 것이다. 하나님 보시기에 하나님의 생기가 파괴된 자들은 모두가 죽은 자들이고 하나님께서는 죽은 자를 살리시기 위해 예수님을 이 땅에 보내셨다. 하나님이 거하셔야 할 자리를 차지하고 있는 사탄을 밀어내고 그 자리에 예수를 앉히시는 일. 창세부터 지금까지 하나님께서는 그 일을 하고 계신 것이다. 예수가 들어가 있는 영혼을 가진 자. 하나님께서는 그러한 사람만이 살아있는 자로 인정하신다.

예수님께서는 이에 대해 명확하게 말씀하셨다.

부모상을 당했으니 장사지내고 오도록 해 달라는 제자의 부탁에 죽은 자는 죽은 자들로 하여금 장사 지내게 하고 너희는 나를 따르라고. 예수가 없는 자들은 죽은 자들이니 살아도 죽은 자들이고 죽은 자는 죽은 자들끼리 장사지내도록 내버려 두라는 것이다. 그리고 너희에게는 나 예수가 있으니 산 자이고 산자는 나를 따르라는 것이다. 제자들은 이 말의 뜻을 곧바로 이해하지는 못하였을 것이다. 예수님은 우리를 위해 이 말씀을 하셨기 때문이다.

죽은 자들은 누구인가?

그들은 마귀가 조종하는 자들이다. 마귀는 무엇인가? 보이는 것만을 보도록 하는 자이다. 우리는 무엇을 보아야 하는가? 보이지 않은 것을 보아야 한다. 보이지 않은 것은 무엇인가? 보이지 않은 것은 보이지 않은 분이신 예수님이시다. 보아야 할 것을 보지 못한 사람을 맹인이라고 한다. 그래서 맹인은 다름 아닌 예수를 보지 못한 사람인 것이다. 맹인의 눈을 뜨게 하시는 분은 누구신가? 그분은 곧 예수님이시다. 눈을 뜨게 하시는 이유는 무엇인가? 예수를 보게 하시기 위함이다. 뜬 눈을 가리는 자는 누구인가? 그것은 사탄이다. 무엇으로 가리는가? 세상의 부귀영화 온갖 탐욕 그리고 자존심 및 육체의 영광 등이 그것이다. 육체의 영광으로 눈이 가리어진 우리는 육체의 영광만을 바라보게 되고 이 가림막이 뒤에서 측은히 우리를 지켜보고 계시는 예수를 볼 수가 없는 것이다.

예수님께서는 자신의 피조물인 육체 속에 자신을 가두시고 육체를 죽이신 후 영원히 썩지 않을 신령한 옷으로 갈아입고 나타나셨다. 이것이 하나님의 첫 작품이자 최대의 걸작인 것이다.

하나님께서 하시는 일은 택한 백성에게 예수를 심어서 수없이 많은 예수를 만들어 내는 것이다. 예수라는 씨앗이 심겨진 사람은 그 씨앗이 싹이 트고 자라나게 하기 위해 육체가 죽게 되어 있다. 죽여야 할 것을 죽여야 살아날 것이 살아나게 되기 때문이다. 사탄은 죽여야 할 것을 살리고 살려야 할 것을 죽이는 일을 하는 것이다. 예수가 들어가 있지 않은 사람은 사탄의 먹잇감으로서 멸망해 가는 것이고 예수가 들어간 사람은 하나님의 작품으로 만들어져 가는 것이다. 하나님의 작품은 사탄의 작품과 반대의 것이다. 하나님의 작품은 보이는 것을 죽이고 보이지 않은 것을 살려 가는 것이기 때문이다.

그러므로 예수가 들어간 사람은 죽은 것 같이 보이게 되는 것이다. 이 세상에 예수님의 육체만큼 천한 육체는 없을 것이다. 태생부터 천하게 태어나신 예수님은 만인의 저주와 멸시를 받으시고 가장 부끄러운 모습으로 십자가에 매달리셨다. 그리고 돌아가셨다. 스스로 자신의 육체를 완전히 죽이신 것이다. 그런데 3일 후에 살아나신 것이다. 죽은 줄 알았는데 살아계신 것이었다. 예수님께서는 확실하게 죽으셨고 분명하게 살아계신 것이었다.
하나님의 작품은 죽은 것으로 보일 뿐 죽지 않은 것 즉 살아 있는 것이다. 사탄의 작품은 살아 있는 것 같지만 실제로는 죽은 것이다. 살려야 할 것을 죽여 놓았기 때문이다.

아이러니 하게도 하나님께서는 살리는 일을 하시는 것이 아니고 죽이는 일을 하고 계신 것이다. 팔팔 살아있는 싱싱한 배추를 소금에 절이어 갖은 양념과 함께 비벼서 맛깔스런 김치를 만들어 내듯 하나님께서는 택한 백성들을 성령으로 절이어 말씀으로 비벼서 천국 백성으로 만들어 내는 일 그 일을 하고 계신 것이다.

우리의 의지로 살아 있는 것이 아닌 것과 같이 죽는 것도 우리의 의지로 되는 것이 아니다. 우리를 만드신 이가 살리면 사는 것이고 죽이면 죽는 것이다. 죽기 위해서는 아파야 한다. 우리는 무엇을 해야 하는 것인가? 하나님께서 우리를 죽이실 때 수반되는 아픔을 참아내야 하는 것이다. 그러면서 우리는 기도해야 한다.
'하나님 아버지 저를 죽여 주시옵소서'

살기 위해서 죽어야 하는 원리 그것이 곧 기독교의 원리이다. 이 원리 이외에 내가 알고 싶은 것은 아무것도 없다. 왜냐하면 나는 살고 싶기 때문이다. 그냥 사는 것이 아니라 영원히 사는 것. 영원히 불행하게 사는 것이 아니라 영원히 행복하게 살고 싶기 때문이다. 살기 보다 더 힘 든 것이 죽는 것이다. 우리가 죽기 위해서는 우리를 살리려고 기를 쓰는 사탄의 세력에 대항하는 영적 전쟁을 치러 내야 하는 것이다. 육신의 정욕 이생의 자랑 안목의 정욕에 이끌리어 나의 영광과 자존심 챙기기에 연연하며 살면서 하나님을 무시했던 나를 배반하고 하나님 편으로 돌아서는 것이다. 사탄의 종노릇 하면서 살아왔던 나의 길을 돌이키어 하나님 진영으로 들어가는 것만이 영원히 사는 길임을 알기에 그 길을 가야 하는 것이다.

하나님의 진영에서 하나님의 전신갑주를 입고 진리의 허리띠를 띠고 구원의 투구와 성령의 검을 가지고 믿음을 방패로 하여 마귀를 대항할 때 우리는 승리할 수 있는 것이다. 승리는 곧 죽음이요 우리가 죽을 때 우리는 살아있는 자가 되고 우리가 살아있을 때 우리 안에 계신 예수로 인해 다른 사람을 살릴 수 있는 자가 되는 것이다. 우리는 무엇을 추구해야 하는가. 산자가 아니라 살아있는 자이다. 왜냐하면 산자는 곧 죽을 자이고 살아있는 자는 영원히 살 자이기 때문이다. 자신도 죽고 남도 죽이는 산자가 아니고 자신도 살고 남도 살리는 살아있는 자 우리는 그러한 사람이 되어야 하는 것이다. 천사는 알고 있을 것이다. 살아있는 자와 죽은 자를. 그리고 살아 있는 자를 보고 감탄할 것이다. "살아 있네!"라고. 우리는 그러한 사람이 되어야 하는 것이다.

Part 2

구속하신
하나님 사랑

—

1.
지혜의 열매 선악과

창세기에 대한 질문 중 가장 많은 것이 하나님께서 선악과를 왜 만들었는가 하는 것이다.

6일만에 천지를 창조하신 하나님의 능력에 비추어 볼 때 선악과는 애들 데리고 장난하는 것 같이 느껴질 수가 있기 때문이다. 또한 왜 하나님께서 선악과를 만들어 가지고 인간으로 하여금 죄를 짓게 하였는가 하는 것이 궁금증을 자아내게 한다. 그렇다. 창조 당시 사탄이 없었다면 선악과도 필요치 않았을 것이다. 이사야 14장 14절과 에스겔 28장을 통하여 볼 때 사탄은 하나님을 배반한 하나님께 지음 받은 천사임을 알 수 있다.

그런데 하나님께서는 이같이 강한 영적 존재를 왜 멸하지 않으시고 인간을 이러한 위험한 존재 앞에 방치하여 놓으셨을까. 선악과에 대하여 필자가 가장 궁금하게 생각한 것이 바로 이러한 것이었다. 이러한 궁금증을 논리적으로 해소해 보려고 하는 것이 이 글을 쓰는 목적이라 하겠다.

"가장 높은 구름에 올라 지극히 높은 자와 비기리라 하도다"(이사야서 14장 14절)에 비추어 볼 때 사탄은 하나님과 같이 되고자 하는 욕심을 부렸던 것 같다. 이 같이 생각해 볼 때 악의 뿌리는 욕심이라는 것을 알 수 있다. "욕심이 잉태한즉 죄를 낳고 죄가 장성한즉 사망에 이르게 하느니라"(야고보서 1장 15절) 에서도 알 수 있듯이 일만 악의 뿌리는 욕심이라는 것과 맥을 같이 한다. 혹자는 하나님께서 악도 창조하신 것으로 말하고 있으나 이사야 14장 14절을 근거로 생각해 볼 때 악은 욕심에 의해 자생한 것으로 판단된다.

선으로 창조된 천사 중에서도 하나님을 호위할 정도로 하나님의 절대적인 신임을 받은 천사는 하나님과 같이 되는 것 말고는 모든 것을 다 가진 자였음을 알 수가 있다. 그래서 하나님과 같이 되고자 하였고, 이것으로 인해 하나님께 버림을 받게 된 것이다. 하나님께 버림을 받게 된 천사는 하나님과 대적 관계가 되어 하나님의 일을 훼방하는 존재로 바뀌게 된 것이다.

이렇게 생각해 보면 사탄을 없앤다고 하여 악이 없어질 것이 아니라는 것을 알 수가 있다. 천사가 악한 마음을 품었을 때 공의로우신 하나님께서는 타락한 천사를 구원할 방법을 찾지 못하였을 것이다. 인간을 사랑하신 하나님께서는 인간이 범죄 하였을 때 구원할 수 있는 방법을 모색하셨을 것이고, 이러한 하나님의 목적을 달성하기 위해 생각한 과일이 선악과라고 생각해 볼 수가 있다. 즉 악한 사탄은 결국 인간으로 하여금 선악과를 따먹게 할 것이지만, 이 같이 되었을 때 그 책임을 사탄에게 물을 수가 있기 때문에 인류를 구원할 수 있는 여지가 있게 된 것이다. 다시 말해 천사가 욕심을 부렸던 것과 같이 아담에게도 하나님과 같이 되고자 하는 욕심이 생길 수가 있고 이러한 욕심이 자연적으로 생겼다면 인간도 사탄과 같이 구원할 길이 없는 것이다.

그런데 이러한 욕심이 사탄의 꼬드김에 의해 생겼다면 모든 죄의 원인은 사탄에게 있게 되는 것이다. 그러니 인간으로 하여금 죄를 짓게 한 책임을 사탄에게 물을 수가 있고 인간은 죄의 대가를 치루기만 하면 구원을 받을 수가 있게 되는 것이다. 그런데 그 죄의 대가는 사망이라 하였다. 뒤집어 생각하면 죄의 대가를 지불하기만 하면 사망으로부터 자유로워질 수가 있음을 의미한다.

죄의 대가를 지불하는 방법은 죄가 없으신 하나님이 사람으로 오시어 사망하는 방법 밖에 없다. 죄가 없이 사망하는 것은 죄의 값으로 사망하는 것이 아니고 죄의 값을 지불하기 위한 사망이다. 그러므로 하나님께서는 예수님으로 이 땅에 오시어 사망하시기로 작정하셨다. 왜냐하면 하나님의 공의는 사탄에게도 똑같이 적용되어져야 하기 때문이다. 하나님께서는 악한 사탄을 우리를 구원하기 위한 도구로 사용하시고자 하셨음을 알 수가 있다.

에덴 동산은 부족함이 없이 아름답고 풍요로우며 살기 좋은 곳이지만 아담과 하와에게는 이러한 조건으로 충분하지가 않았다. 자신들을 창조하신 하나님에 비하면 자신들은 초라하기 그지

없고 매일 매일 반복되는 변화 없는 생활이 지루하기도 하였을 것이다. 그 어떤 것도 부족함이 없는 자신들의 삶의 조건 가운데서 만족하며 살아가기 보다는 더 큰 능력과 위엄으로 천군 천사를 거느리고 계시는 하나님의 세계를 동경하게 되었을 것이다.

그래서 먹으면 하나님과 같이 된다는 사탄의 꼬임에 넘어가 선악과를 따먹고 만 것이다. 이로 인해 인간은 하나님과 단절되게 되었고, 아담과 하와는 자신들이 원했던 하나님이 아니고, 자신들 위에는 아무도 없으므로 이 세상에서는 최고가 된 가짜 하나님이 되었던 것이다. 하나님의 다스림에서 소외당한 인간은 사탄의 통치하에 들어가게 되었고, 자유롭게 살고 있는 것으로 알고 있으나 실제로는 사탄의 이끌림에 따라 살아가고 있는 노예에 불과하게 된 것이다.

하나님께서는 하나님의 영광을 위해 인간을 창조하셨고, 인간에게 완전한 자유를 주셨으며, 인간에게 주신 그 자유 의지로 하나님을 경배 찬양하도록 하게 하시기 위해 세상을 다스리시고 계시다는 것을 우리는 잘 알고 있다. 하나님께서 세상을 창조하시고 인간에게 주신 단 하나의 계명은 선악과를 따 먹지 말라 하신 것이었다. 따 먹으면 정녕 죽으리라고 하시며 따먹지 말라 하셨다. 이것은 창조하신 모든 것을 사람에게 주신 하나님으로서, 인간에게 요구하신 최소한의 의무 사항이었던 것이다. 하나님과의 관계를 유지하기 위해서는 이 명령만 지키면 되는 것이었다.

그런데 이 명령을 지키지 못하고 선악과를 따 먹음으로 하여 하나님과 인간과의 관계는 단절되고 말았다.

사실 창조 이후에 하나님께서 하고 계시는 일들은 선악과 사건에서부터 비롯되었음을 알 수가 있다. 그러니 선악과는 하나님께서 우리에게 주시고자 하신 참 자유를 주시기 위해 창조되었다고 볼 수가 있다.

하나님께서는 홍수 심판과, 인간으로 오시어 십자가에서 돌아가심, 그리고 부활하시어 수없이 많은 하나님의 백성을 만들어 내고자 하는 큰 그림을 그리며 선악과를 만드셨음을 짐작할 수가 있다. 선악과를 만드신 하나님의 손은 떨렸을 것이다. 선악과를 만드신 하나님의 이마에서는 식은땀이 흘렀을 것이다.

홍수로 인해 물에 잠길 수많은 사람들의 아우성 소리가 선악과에서 흘러 나왔을 것이고, 피조물에게 온갖 저주와 멸시를 받으며 십자가를 지고 골고다 언덕을 올라가서 그 십자가에 못 박혀 돌아가셔야 하는 고통을 생각하고 몸서리 치셨을 것이다. 이러한 모든 고통을 감수하시고서라도 선악과를 만들 수밖에 없었을 것이다. 하나님의 창조의 목적을 이해하고, 하나님께 완전하게 순종하며, 감사와 찬송으로 하나님께 영광 돌리는 하나님의 백성을 창조해 내기 위해서 전지전능하신 하나님께서 생각해 내신 유일한 방책이 선악과 나무였을 것이기 때문이다.

선악과를 따먹기 전 인간은 악을 알지 못했음을 알 수가 있다. 하나님께서는 선악과를 따먹은 인간을 보시고 이들이 선악을 아는 일에 우리와 같이 되었다고 하셨기 때문이다.

인간에게 악이 들어옴으로 인해 인간이 악행을 하게 되었고, 그 악행을 보고 인간은 악을 알게 되었다. 악으로 더럽혀진 인간은 죽어야 하기 때문에 생명나무의 실과를 먹어서는 안되었던 것이다. 이 같이 생각해 볼 때 선악과는 오히려 구원의 열매라는 역설적인 생각을 해 볼 수가 있게 된다.

선악과를 먹지 않고 범죄하였다면 구원 받을 길이 없으나, 선악과를 먹고 범죄 함으로 하여 우리는 구원 받을 수 있게 되었기 때문이다. 사탄은 스스로 범죄 함으로 인하여 구원 받을 수 없게 되어 있으나 사탄의 꼬드김으로 인해 선악과를 먹은 인간은 사탄으로 인해 범죄 하였기 때문에 구원을 받을 수 있게 된 것이다.

이 같이 생각해 볼 때 먹으면 정녕 죽으리라 하는 선악과 나무는 우리를 벌하기 위해 만드신 나무가 아니고, 인간을 구원하기 위한 하나님의 희생과 부활하심으로 하여 육체를 극복하실 하나님의 영광을 위해 만드신 나무임에 틀림없다. 장난처럼 받아들여질 수 있는 선악과. 그 선악과 속에는 하나님이 만드신 모든 것 보다도 더 크고도 깊으며 하나님의 지혜로움이 담겨 있음을 알 수가 있다.

2.
노아의 홍수에 대한 소고

하나님께서는 지구를 에덴동산으로 창조하시었다. 그러나 죄악의 유혹을 이기지 못한 인간의 과욕으로 인해 하나님이 인간을 떠나게 되었고, 결국 세상은 사탄의 손아귀에 넘어가게 되었다. 그래서 첫 번째 하나님의 가혹한 심판이 임했는데 그것이 바로 홍수 심판이었다. 홍수 심판은 창세 후 1656년에 일어났다. 당시 지구는 더위도 없고 추위도 없는 살기 좋은 땅이었다. 홍수와 더불어 지구에는 대 지각변동이 일어났고 수많은 동식물들이 생매장되었으며, 화석을 통해 그러한 사실들이 입증됨을 알 수 있게 된다. 진화론자들은 화석을 진화의 결정적인 증거물로 제시하고 있지만, 화석은 화산 폭발에 의해 단기간에 걸쳐 만들어진다는 과학적 증거들을 창조과학회 에서는 확보하고 있다.

그러므로 홍수 사건은 엄연한 역사적 사건임을 받아들여야 한다. 하나님께서 땅위에 사람 지으심을 한탄할 정도로 죄악이 관영하였을 때 노아는 하나님의 은혜를 입어 하나님의 설계에 따른 대형 선박을 제조하라는 명령을 하나님께로부터 부여 받는다. 노아는 500세 이후에 셈과 함과 야벳 등 3형제를 낳았다. 이들이 각각 황인종, 흑인종, 백인종의 조상이 되었다. 노아가 500세 이전에는 자녀를 갖지 못하다가 500세 이후에 자녀를 갖게 된 것은 아브라함이 100세에 이삭을 낳은 것과 마찬가지로 하나님께서 우리를 구원하시기 위해 특별히 개입하셨기 때문이었음을 알 수가 있다.

뒤늦게 아들 셋을 얻은 노아의 기쁨은 형용할 수 없었을 것이다. 그런데 아들 셋을 장가보냈는데도 아들들에게 자녀가 없으니 손자 손녀에 대한 기다림이 간절하였을 것이다. 그러나 자신의 경우처럼 하나님께서 정하신 때에 아들들에게 자녀를 주실 것이라는 믿음으로 위로를 받으며 살았을 것이다.

그러던 차에 하나님께서 노아에게 나타나시어 충격적인 말씀을 하신 것이다. 내가 이 세상을 홍수로 멸하겠노라고. 그러나 너와 네 아내와 네 아들들과 자부들은 그 홍수로부터 구원하겠으니, 모든 동물을 구원할 수 있는 방주를 만들라고. 노아는 즉시 가족들에게 이 사실을 알렸을 것이고, 이 말을 들은 가족들은 장차 닥쳐올 하나님의 가혹한 심판을 예견하며 큰 충격에 휩싸였을 것이다. 그리고 온 가족이 혼연일체가 되어 세상의 모든 즐거움을 멀리하고 오로지 방주 제작에만 전념하였을 것이다.

노아가 방주를 제작하는 일은 세상의 눈으로 보면 바보짓이며 미친 짓이 아닐 수 없다. 사람들은 시집가고 장가가고 먹고 마시고, 천년을 살면서 태평성대를 누리고 있는데, 노아와 노아의 가족들은 온통 이해할 수 없는 큰 집을 짓는다고 소일하고 있으니 취미 치고는 별난 취미도 다 있다고 생각하였을 것이다. 뭐 하러 이런 짓을 하느냐는 친지들의 물음들이 많았을 것이나 노아는 무어라 대답할 말을 찾지 못하였을 것이고, 묵묵히 어리석게 보이는 일을 계속할 뿐이었으리라.

처음 방주를 제작할 당시만 하여도 노아가 하는 일에 대해 사람들의 관심이 지대하였을 것이다. 그러나 시간이 지날수록 사람들은 방주를 제조하는데 대해 무관심하게 되었을 것이다. 사람들은 노아와 노아의 가족들을 이상한 사람으로 치부하고 자신들은 세상의 이치에 따라서 정상적인 삶을 영위하고 있었다고 생각했을 것이기 때문이다.

40일간 비가 내리고, 깊음의 샘물이 터지며 천지가 요동칠 때 노아는 방주에서 어떤 생각을 하였을까. 노아는 당세에 완전한 자요 의인이라고 성경에 기록되어 있다. 그런데 사랑하는 친지들을 포함한 수많은 사람들이 물에 잠기는 참상을 지켜보는 노아의 심경은 어떠하였을까. 하나님께서 약속하신 대로 노아와 노아의 가족만을 구원하신 하나님께 감사하였을까? 그 정반대였을 것이다. 이처럼 냉엄하신 하나님이 너무도 원망스러웠을 것이다. 하나님께서 땅과 함께 모든 것을 멸하시겠다고 말씀하셨지만 설마 하였는데 그 말씀하신 바가 현실로 나타나고 있는 것을 지켜보고 있는 노아의 심장은 찢어질 듯 아팠을 것이다. 살아서 이 같이 비참한 장면을 지켜보느니 차라리 저들과 고통을 함께하며 죽어가는 것이 더 나았을 것이라고 생각하였을 수도 있었을 것이다. 왜냐하면 노아는 하나님이 보시기에 의인이었기 때문이다. 죽어가는 세상 사람들을 향한 노아의 죄책감은 극에 달했을 것이다. 그러면서 하나님을 원망하였을 것이다. '하나님 어찌하여 저에게 이토록 큰 고통을 주시옵니까? 차라리 하나님의 말씀을 거역하여 방주를 제작하지 않은 편이 더 나았을 걸 그랬습니다.'

살아 있는 고통이 죽은 자의 고통 보다 훨씬 더 크다는 것을 노아는 깊이 깨달았을 것이다. 하나님의 구원 계획에 참여하는 고통이 얼마나 큰 것인가를 처음 체험한 사람이 노아였음을 알 수 있다. 우리는 삶이 고통스러울 때 죽고 싶은 생각을 할 것이다. 죽기가 쉽지 않아서 그렇지 죽어지기만 한다면 죽음으로써 그 고통에서 해방되고 싶은 생각을 하게 되는 것이 보통이다. 홍수의 참상을 지켜본 노아는 살아도 사는 것 같지 않았을 것이다. 그러면서 공포의 하나님 심판의 하나님에 대한 두려움과 무서움에 치를 떨었을 것이다.

노아는 하나님의 깊은 뜻을 알 수 없었을 것이기 때문이다. 노아에게 있어서 하나님은 무서운 하나님일 뿐 사랑의 하나님은 전혀 아니었을 것이다. 당시 하나님은 살아남은 자에게나 죽어가는 자에게나 공포의 대상이었을 것이다.

많은 사람들이 1년 동안의 노아의 방주 생활에 대해 주로 육신의 고통을 말하고 있으나, 나의 생각은 다르다. 정신적인 고통이 육신의 고통에 비교되지 않을 만큼 더 컸으리라 생각하기 때문이다. 방주에서 나와서 폐허가 된 세상을 본 노아의 심정은 말로 표현할 수 없었을 것이다. 하나님의 깊은 뜻을 알 수 없는 노아는 오직 하나님이 하시는 일이기 때문에 하나님께 순종하였고, 통상적으로 해 왔던 것 같이 단을 쌓고 하나님께 번제를 올렸다.

제물을 흠향하신 하나님은 이해할 수 없는 말씀을 하신다. 앞으로는 이전에 행하신 것 같이 모든 생물을 멸하지 않겠다고 하신다. 그 이유는 사람의 마음이 어려서부터 악함이라고 하셨다. 하나님의 최종적인 구원 계획은 천국에 있었고, 천국은 거듭나야 만이 들어갈 수 있다는 의미의 말씀인 것으로 우리는 이해할 수가 있다. 그러나 노아는 이 말씀이 무엇을 의미하는지 알 까닭이 없었을 것이다. 노아의 홍수 이후 2000년이 지나 예수님께서 이 땅에 오시어 우리의 죄를 대속하시기 위해 십자가에 피흘려 돌아가신 사실을 통해 우리는 하나님께서 노아에게 하신 말씀의 의미가 무엇인지를 깨닫게 된 것이다.

방주에서 구원 받은 노아의 삶은 어떠하였는가. 포도주에 취해 벌거벗은 채로 잠을 잘 정도로 방탕하였음을 알 수 있다. 보아서는 안 될 것을 보아야 했던 노아의 마음의 상처는 그 무엇으로도 치유 받을 수 없었을 것이다. 의인 노아는 하나님의 은혜로 육신은 구원 받았으나 영혼은 치명타를 입었던 것이다. 살려달라고 아우성치며 홍수에 떠내려가는 수많은 사람들의 아우성 소리가 노아의 귀에 끊이지 않았을 것이다. 그러면서 심한 죄책감에 시달려야 했을 것이다. 이것을 잊기 위해 매일 술을 마시며 지내다 보니 알코올 중독자와 같이 되었을 것이다. 아버지의 이러한 생활이 아들들에게 좋게 보일 리가 없었을 것이다.

아들 함은 아버지의 마음을 헤아리지 못하고, 아버지의 벗은 모습을 형제에게 알릴 정도로 철이 없었던 것 같다. 나머지 두 형제는 아버지의 고통의 의미를 이해하고 아버지의 삶의 행태가 본받을 것이 없다고 하더라도 아버지를 존경하고 섬겼던 것으로 짐작된다. 그래서 아버지의 벗은 모습을 보지 않고 아버지의 하체를 덮어 주었던 것이다.

이 같은 사실을 알게 된 노아의 태도는 어떠하였는가.

심판의 하나님께로부터 보고 배운 그대로임을 알 수 있다. 사랑하는 아들의 후손들에게 내리는 벌 치고는 너무도 가혹하고 어처구니없는 벌을 내리게 된 것이다. 함의 아들 가나안은 저주를 받아 셈과 야벳의 종이 되어라고 하였고, 이것이 이루어지도록 하나님께 기도까지 올렸던 것이다. 아마도 이 때 노아는 알코올 중독으로 인해 정상적인 사람이 아니었던 것 같다. 하나님의 깊은 뜻을 헤아리지 못한 노아는 방탕할 수밖에 없었고, 홍수 심판이 우리의 죄악을 없애는 데 있어서는 별다른 효과가 없었음을 알 수가 있다.

그러니 무서운 홍수 심판을 어떻게 이해하여야 할 것인가. 물로는 심판하지 않겠으나 물과 성령으로 거듭나지 않으면 천국에 들어가지 못한다는 것을 우리에게 확실하게 알려 주시기 위한 하나님의 구원 계획의 일환으로 받아들이는 것이 옳을 것이다. 그런데 이를 위해 그 같이 많은 희생 제물이 필요 하였던 것인가. 이에 대한 답을 예수님의 십자가 사건에서 찾을 수가 있다. 홍수심판으로 인해 하나님은 찢어지는 마음의 고통을 당하셨고, 스스로도 십자가에서 돌아가시어 홍수로 죽은 자와 비교할 수 없는 육신의 고통을 감당하심으로 하여 우리의 구원을 완성하셨다.

노아는 노아가 직접 제작한 구원의 방주에 노아가 사랑하는 사람들을 들어가게 할 수 없었으나 우리는 하나님이 제작한 구원의 방주에 우리가 사랑하는 사람들을 얼마든지 데리고 들어갈 수 있다. 우리가 사랑하는 사람을 구원할 수 있음에도 불구하고 우리의 나태함으로 인해 구원하지 못한다면 노아에 비교할 수 없는 고통 가운데 놓이게 될지도 모른다. 땅 끝까지 복음을 전하는 것이 우리의 삶의 목표가 되어야 하는 이유가 여기에 있는 것이다. 우리는 신앙생활을 통해 하나님의 깊고 넓은 뜻이 어디에 있는 것인가를 깨닫기 위해 깨어서 끊임없이 기도하여야 할 것이다.

> "하나님의 모든 행사를 살펴보니 해 아래서 하시는 일을 사람이 능히 깨달을 수 없도다. 사람이 아무리 애써 궁구할지라도 능히 깨닫지 못하나니 비록 지혜자가 아노라 할지라도 능히 깨닫지 못하리로다." (전도서 8장 17절)

3.
택한 백성의 언어 허브리어

하나님께서는 하나님의 장자 이스라엘 백성에게 히브리어를 주셨다. 히브리라는 말은 본래 '건너다'라는 뜻이 있는 동사 '이브리'라는 말에서 유래된 명사인데 아브라함이 유프라테스와 티그리스 강을 건너왔다 해서 그 후손들을 히브리인이라 했다. 그래서 이스라엘 사람을 유대인이라고 하지만 히브리인이라고도 한다. 히브리어는 현재 이스라엘 민족만이 사용하고 있는 독특한 언어이다.

2008년 7월 나는 내가 대학원 시절 활동했던 선교단체의 학사 수양회에 참석하였다. 참고로 '학사'라는 명칭은 대학을 졸업한 회원에게 붙여진 명칭이다. 그 당시 나는 하나님을 향한 열정이 대단하였다. 그 모임에서 나는 광주 신학대 교수로 재직하다가 이스라엘에서 10년간 유학하고 돌아온 김명호 박사를 만나게 되었다. 2009년 4월 김명호 박사로부터 전화를 받았다. 전남대 언어 교육원에서 자신이 맡게 된 히브리어 강좌가 있으니 수강하고 싶으면 하라는 권유의 전화였다. 나는 서슴지 않고 수강하겠다고 하였다. 히브리어를 공부해야겠다는 생각을 해 본 적은 없으나 하나님께서 택한 백성에게 직접 말씀하신 히브리어를 공부할 기회를 놓치고 싶지 않았기 때문이었다.

그렇게 해서 작년 4월부터 현재까지 히브리어를 일주일에 한 번 2시간씩 공부하게 되었다. 내가 공부한 제 2외국어는 독일어이기 때문에 히브리어를 배우기 전 내가 알고 있는 언어는 한국어, 영어, 독일어가 전부였다. 언어를 배우기 위해서는 우선 그 언어의 알파벳부터 배워야 한다. 히브리어의 알파벳은 22개의 자음으로 되어 있다. 히브리어 알파벳에는 기수의 의미가 포함되어 있다. 한글을 가지고 예를 들면 기역은 일(1)이요, 니은은 이(2), 그리고 열 번째인 치읓은 십(10), 그 다음 키읔은 이십(20)등과 같다.

그러므로 이름을 숫자로 풀어 낼 수가 있는데, 예를 들어서 다윗은 14가 된다. 왜냐하면 다윗은 히브리어 스펠링으로 달렛 바브 달렛인데 달렛은 네 번째이니 4이고 바브는 6번째이니 6, 따라서 다윗에 들어있는 수의 합은 14가 되기 때문이다. 마태복음 1장에서 예수님의 족보가 14대씩 셋으로 나누어서 열거되어 있는데, 이것은 예수님의 뿌리가 다윗에 있음을 강조하기 위함이라 한다.

히브리어로 하나님은 히브리어 스펠링 헤이 요드 헤이 요드 인데, 이스라엘 사람들은 하나님을 너무 경외한 나머지 하나님의 이름을 함부로 부르지 못할 뿐만이 아니라 발음대로 읽지 못하고 일어나 양치질을 하고 들어와 '주님'이라는 뜻으로 아도나이라고 읽는다고 한다. 하나님을 또한 엘로힘(복수) 또는 엘(단수)이라고도 한다.

히브리어는 어순이 독특하다. 우리말의 어순은 주어 목적어 동사이고, 영어나 독일어의 어순은 주어 동사 목적어이다. 일본어의 어순은 한국어와 같고 중국어의 어순은 영어나 독일어의 어순과 같은 것을 볼 때 대부분의 언어에서는 주어를 먼저 말하는 것이 보통이다. 그러나 히브리어의 어순은 동사 주어 목적어이다. 동사가 문장의 첫머리에 온다는 것은 역동적이며, 하나님은 역동적이신 분임을 강조하는 것이 히브리어의 특성이다. 히브리어 동사는 모두 3개의 자음으로 구성되어 있다. 이것도 히브리어만의 독특함일 것이다.

히브리어는 한문과 마찬가지로 우에서 좌로 기록한다. 영어에서 동사의 원형은 현재인데 비해 히브리어 동사의 원형은 과거이다. 원형을 번역할 때는 3인칭 남성 단수를 주어로 넣어서 해석해야 한다. 예를 들어서 창조하다가 히브리어로 '바라아'인데 이것을 '창조했다'로 해석해서는 안 되고 '그가 창조했다'라고 해석해야 한다. 또한 '가다'가 '할라크'인데 이것도 '그가 갔다'라는 뜻이다.

여기서 우리가 알 수 있는 것은 히브리어는 하나님 곧 '그분' 이 중심이 되는 언어라는 것이다. 주어가 바뀔 경우에는 토씨를 넣어서 말하면 된다. 예를 들어서 '내가갔다'라고 하고 싶으면 '할라크티', '네가(남자)갔다'라고 하고 싶으면 '할라크타', '네가(여자) 갔다'라고 하고 싶으면 '할라크트' 등과 같다. 이 밖에도 대명사 접미는 1인칭, 2인칭(남성, 여성), 3인칭 단수 와 복수 그리고 남성과 여성에 따라서 바뀌게 된다. 1인칭 복수인 '우리들'의 어미는 '누'다. 예를 들어서 '임마누엘'을 분석하면 '임'은 '함께'의 뜻이고 '마'는 임과 누의 연결 접속사이고 '엘'은 하나님으로서 '하나님이 우리와 함께 하신다'라는 뜻이 된다. 이같이 히브리어는 압축된 언어임을 알 수가 있다.

히브리어는 형용사가 명사 뒤에 온다. 또한 형용사에도 정관사를 붙인다. 예를 들어서 히브리어로 '선한'은 '토브'이고 목자는 '로에'이다. '그' 라는 의미의 정관사는 히브리어로 '하' 이다. 그러므로 '그 선한 목자'를 히브리어로 말하면 '하로에 하토브'가 된다. '토브 하로에' 는 '그 목자는 선하다' 라는 뜻이 된다. 예를 통해 알 수 있듯이 히브리어 어순은 우리말의 어순과 거의 정반대임을 알 수가 있다. 히브리어에서는 시제가 과거와 미래만 있어서 비교적 단순하다. 그러나 동사의 형태는 7가지가 있다. 영어나 우리말에는 동사의 형태가 능동태와 수동태가 있을 뿐인데 히브리어에서는, 능동, 수동, 강의 능동, 강의 수동, 사역능동, 사역 수동, 재귀형 등 7가지 형태가 있다.

히브리어 성경은 구약만으로 되어 있는데 우리말로 된 구약 성경책의 분량보다 훨씬 작게 되어 있다. 이것은 히브리어가 우리 말 보다 훨씬 더 압축되어 있음을 의미한다. 예를 들면 베들레헴은 집이라는 뜻의 바이트와 떡이라는 뜻의 레헴이 결합된 것으로서 떡 집 곧 떡 방앗간이라는 뜻이 된다. 우리에게 일용할 양식을 주시는 하나님께서 떡 방앗간으로 오셨다는 것은 우연의 일치가 아니고, 구약에서 예언된 바와 같이 하나님의 계획에 의하였음을 히브리어를 통해서 확신할 수 있는 부분이기도 하다. 예수께서 베들레헴에 출생하신 것은 생명의 떡이 떡집에서 출생한다는 뜻이다.

'아브'는 아버지이고 '함'은 백성이다. 그러므로 아브라함은 열국의 아비라는 뜻이 된다.

히브리어로 사람은 아담으로서 모든 육체는 아담으로 하나 됨을 분명히 하고 있다.

'진리'는 히브리어로 '에메트' 인데 히브리어 스펠링으로 '알렙 멤 타브'이다. 알렙은 히브리어 알파벳의 첫 번째 문자이고 멤은 13번째로서 중간부문 그리고 타브는 끝 문자이다.

또한 목적격의 접미사 '을 또는 를'의 히브리 말은 에트(히브리어 스펠링 알렙 타브)로서 하나님이 처음과 나중으로서 우리 삶의 목적이 되신다는 것을 분명히 하고 있다.

예수님께서 "나는 알파요 오메가"라고 하신 것은 예수님 당시 이스라엘은 로마의 속국으로서 히브리어를 모국어로 사용하지 못하고 헬라어를 사용하고 있었기 때문이다. 히브리 말속에는 하나님이 우리의 주인이시며 하나님이 우리 삶의 목적이고, 말은 진리를 말하기 위해 존재한다는 뜻이 담겨 있음을 알 수가 있다. 하나님께서는 모세에게 히브리말로 말씀하셨고 모세는 하나님의 말씀 그대로 받아서 기록해 놓은 것이 현재 이스라엘 사람들이 보고 있는 히브리어 성경이다. 그러므로 하나님의 창조 계획과 말씀의 의미를 풍성히 알기 위해서는 히브리어를 공부할 필요가 있다. 히브리어로 성경을 읽으면 높은 산에서 바위를 굴렸을 때 쿵 하고 굴러 떨어지듯이 그 말씀의 의미가 우리의 마음속에 묵직하게 다가와서 우리에게 큰 깨우침을 주고 우리의 마음판에 깊이 새겨지게 된다고 한다.

바벨탑 사건을 통해 하나님은 하나였던 언어를 흩어 버리셨다. 그러면 바벨탑 이전에 사용하였던 언어는 무엇이었을까? 그 언어에 가장 가까운 언어가 히브리어가 아니었을까 생각해 본다. 세상의 수많은 언어들은 히브리어의 조각난 언어가 아닐까 하는 생각을 해 보기도 한다. 우리가 행할 수 있는 것은 우리를 만드신 그분으로 인함이기 때문에 동사의 주체는 그 분이 되는 것이다. 우리가 행동할 수 있는 것은 우리를 만드실 때 그 분이 이미 해 놓으신 것이기 때문에 동사의 기본은 3인칭 남성 단수인 '그'를 따로 말하지 않아도 '그가 했다'로 받아들여야 하는 것이 옳은 것이다. 이 같이 우리 삶의 주체는 하나님이라는 것을 히브리에서는 분명히 하고 있다.

형용사의 위치를 통해서도 우리는 숙고해 볼 필요가 있다. 형용사는 포장이고 명사는 내용이라고 생각해 볼 때, 대부분의 언어에서는 포장이 먼저이지만 히브리어에서는 내용이 먼저이다. 이것을 '하나님은 우리의 외모를 취하지 않으시고 중심을 보신다'는 것과 관련지어서 생각해 보는 것도 재미있을 것 같다.

나는 밥을 먹었다(우리말 순서), 나는 먹었다 밥을(영어 순서), 먹었다 나는 밥을(히브리어 순서) 등은 모두 같은 의미이다. 그러나 하나님께서 아담에게 주셨던 처음 언어의 순서가 무엇이었을까 하는 생각을 해 보게 된다.

장자를 통해서는 가문의 정통성을 이어가고자 하는 것이 보통이다. 하나님께서는 하나님께서 택하신 장자 이스라엘을 통해서 하나님께서 주신 언어의 정통성을 이어 가시고자 하였을 것이다. 그래서 필자는 히브리어의 어순이 하나님께서 흩으시기 전의 하나된 언어의 어순이 아닐까 하고 생각해 본다. 하나님께서 하나님이 택하신 장자 이스라엘과 더불어 말씀하신 언어인 히브리어, 그 히브리어를 통해 성경을 읽는다면 말씀의 참 맛을 풍성히 느낄 수 있고, 말씀의 참 뜻을 온전히 깨달아 하나님의 뜻에 따라서 세상을 살아가는데 있어서 더욱 도움이 될 수 있을 것으로 믿는다.

4.
족보

우리 가족은 89년 말부터 지금의 단독 주택에서 살기 시작하였다. 지금은 방범을 완전하게 한 상태이지만 당시에는 우리 집의 방범이 매우 허술하였다. 불안을 해소하기 위해 개를 키우기로 하고 지인의 소개로 수의사를 통해 족보가 있는 진돗개 암컷을 구입하여 키우기 시작했다. 강아지는 쑥쑥 자라서 성견이 되었고 처음 6마리, 그리고 두 번째 네 마리 두 배의 새끼를 낳으면서 14년을 살다가 병이 들어서 죽었다. 노란 털에 쫑긋한 귀 그리고 육각형 모양의 머리 등 진돗개의 특징을 고루 갖춘 큐리(아들이 귀엽다고 하여 붙인 이름임)는 뼈대 있는 가문(?) 출신답게 행동거지도 기품이 있었다. 배가 고프다고 하여 밥을 게걸스럽게 먹지도 않았다. 먹을 듯 말 듯 빼는 척 하다가 점잖게 먹기 시작한다. 함부로 짖어대지도 않고 꼭 짖어야 할 때만 짖는다. 밤늦게 집에 돌아올 때 나를 맞이하는 방법도 극히 조심스럽다. 내가 대문 앞에 서 있으면 짖지 않고 끙끙거리며 보고 싶어서 안달을 부린다(당시 우리 집에서 개집의 위치는 개가 대문에 있는 사람을 볼 수 없는 구조로 되어 있었다). 나를 보면 꼬리를 흔들어 대며 뛰어 오르는 등 반가워서 어찌할 바를 모른다. 지금 아무 때나 짖어대는 옆집 개와 비교해 볼 때 우리가 키우던 족보가 있는 진돗개는 확실히 우수한 품종의 개임에 틀림이 없다.

예로부터 우리 조상들은 가문을 중요시 했다. 조상과 후손들의 씨족 관계가 기록되어 있는 서책이 곧 족보이다. 우리 마을은 안가 집성촌으로서 타성바지는 쌍놈이라고 하여 나이 많은 사람들도 어린 아이에게까지 하대를 받아야 했다. 나의 12대조 할아버지가 문자 시호를 받았다고 하여 안가 집성촌 중에서도 특히 우리 마을은 양반마을로 알려져 있음을 직장이나 사회생활을 통해서 확인할 수가 있었다. 최근 내가 근무하는 전남대학교 도서관에 우리 문중에서 내 12대조 할아버지의 서책을 위탁 관리 한다는 교내 매일을 보고 우리 조상의 훌륭함이 학계에서도 인정받고 있음을 실감할 수가 있었다.

지금은 퇴색되어가고 있으나 과거에는 성씨가 무엇이고 출신 가문이 어디인가 하는 것이 그 사람의 인품을 평가하는데 있어서 매우 중요한 요소 중 하나였다. 출신 가문이 좋은 사람은 가문의 명예를 실추시키지 않기 위해 처신을 바르게 하려고 각별히 신경을 쓴다. 실제로 뼈대 있는 가문에서 출생한 사람들은 대부분 정직하고 예의 바르며 신의가 두텁기 때문에 가문을 보고 그 사람을 평가하는 데 있어서 별다른 문제가 없었던 것으로 여

겨진다. 그래서 혼사를 결정할 때도 재력 보다는 가문을 우선시
하였다. 족보는 곧 피의 연결도가 수록된 책이다. 피라고 하여 다
같은 피가 아님을 알 수가 있는데 피에도 피의 형이 있어서 아무
피나 다 화합할 수 없게 되어 있다. 또한 사람의 기질이 피의 형
에 의해 결정된다는 것이 알려져 있다. 덧붙여서 사람의 성품까
지도 피에 의해 결정된다고 보는 것이 족보를 중요시하는 사회
의 사회적 공감대로 형성되어 있는 것이다. 피는 가문의 대를 따
라서 흘러감과 동시에 한 육체에 머무르면서 그 육체의 자존감
을 높이기 위해 최선을 다하다가 생을 마감한다.

　　하나님께서는 창세기에서 아담으로부터 시작하여 택한 백
성의 계보를 열거해 놓으셨다. 이것은 택한 백성의 족보인 것이
다. 하나님께서 보시기에 좋은 피는 어떤 피였을까? 그것은 순종
의 피가 아닌가 생각한다. 하나님은 자신의 백성을 택하시고 택
한 백성이 순종하도록 만들어 가심을 알 수가 있다. 순종파 노아
를 택하시어 방주를 짓게 하시고 당신이 택하신 사람과 동물 이
외에는 모두 홍수로 쓸어 버리셨다. 아브라함을 택하여 아들 이
삭을 제물로 바치도록 하셨고 다윗을 택하여 하나님의 뜻에 합
당한 자로 만들어 가셨다. 아브라함 이삭 다윗을 통해 흘러 내려
온 피는 예수라는 순종의 꽃을 피우게 되고 그 열매에서 터져 나
온 무수한 씨앗들이 세상 곳곳에 뿌려져서 작은 예수가 되는 것
이다. 이 예수들을 기록해 놓은 책을 천국의 족보라 할 수가 있겠
다. 천국의 족보를 하나님께서는 생명책이라고 하셨다.

하나님을 믿지 않은 사람들은 하나님을 배재하고 자신들만의 세상을 만들어가고 있다. 백년을 살기도 쉽지 않은 사람들이 영원히 살 것처럼 부와 명예와 권력을 얻기 위해 몸과 마음을 다 바친다. 출세한 사람은 족보에서의 이름 뒤에 벼슬이 기록되고 그 사람은 가문의 영광이 되는 것이다. 성공한 사람은 가문의 영광이 되는 반면에 궂은일을 하는 사람은 가문의 수치가 된다. 족보에 직함이 오른 사람은 가문을 빛낸 사람으로서 문중에서 존경과 사랑을 받는다. 속된 말로 사람대접을 받게 되는 것이다. 이스라엘 사람들은 택한 백성으로서의 자부심이 대단하다. 아브라함과 이삭과 야곱의 자손인 이스라엘 사람들은 자신들은 하나님께서 특별히 선택하셨고, 하나님께서 선지자들을 통해 보내기로 약속하신 메시아가 도래하여 이 세상을 자신들의 세상으로 만들어 낼 것이라는 소망 가운데서 살아가고 있다. 이스라엘 사람들은 세상 족보의 한계를 벗어나지 못하고 있는 것이다.

피의 시작은 어디인가?

두말 할 것도 없이 아담과 하와로 부터이다. 그 피는 어떤 피인가? 그것은 범죄한 자의 피 이다. 범죄한 자의 피는 죄로 인해 죽어야 할 피 이다. 우리는 어떤 피를 가진 자인가? 아담의 피를 가진 자이다. 김씨이건 이씨이건 박씨이건 간에 모두가 같은 피 곧 죽어야 할 피를 가진 자들인 것이다. 그러므로 세상 족보는 죽은 자 내지는 죽을 자들의 이름이 기록된 책이다.

세상 족보는 세상 사람의 피의 흐름을 기록해 놓은 책인 것에 비해 하나님의 생명책은 예수님의 피의 흐름이 실려 있는 책인 것이다. 예수의 피는 영적인 피로서 성령에 의해서만이 수혈 받을 수가 있는 것이다. 예수의 피는 영생의 피 이고 이러한 영생의 피가 흐르고 있는 자들은 생명책에 올려 있는 자들이며 천국 백성인 것이다. 세상 족보는 죽은 자 또는 죽을 자들의 이름을 기록해 놓은 책이지만 생명책은 산 자들 즉 영원히 산 자들의 이름이 기록된 책인 것이다. 죽을 자들은 죽은 자에게 제사 지내며 자신도 죽어서 죽을 자들에게 제사 받을 것을 기대하며 살아가고 있으나 산 자, 곧 생명책에 이름이 오른 자들은 살아 계신 하나님께 기도하며 영원한 천국을 소망하며 살아가고 있는 것이다.

죽을 자들은 죽을 것, 없어질 것, 즉 보이는 것들을 위해 목숨을 바치지만 산 자들은 보이지 않은 하나님을 위해 목숨을 바치는 것이다. 하나님께서는 독생자 예수님을 사람으로 만드시어 순종의 본을 보이도록 하셨다.

치열한 경쟁으로 인해 가족 구성원 가운데서도 충분한 사랑을 주고받지 못하고 있는 요즈음 애완견에 대한 사랑은 각별한 것 같다. 경제적 손해를 감수하고서도 개를 기르는 이유는 개의 주인에 대한 사랑과 순종이 감동적이기 때문일 것이다. 내가 기르던 개도 나에 대한 충성심이 대단하였다. 강아지를 키운 지 1년이 지나 흰 눈이 소복이 쌓인 90년 12월 어느 날 큐리는 자신을 꼭 닮은 새끼 여섯 마리를 낳았다. 어린 아이들에게 보여주기 위해 자신의 품에 안고 목숨처럼 지켜내는 새끼 여섯 마리를 몽 땅 꺼내어 집안에 들여갈 때도 어미 진돗개는 아무런 저항을 하지 않았다. 주인이라는 단 하나의 이유만으로 개는 주인을 위해 충성을 다하고 그러기 때문에 주인은 개를 가족과 같이 사랑하며 기르는 것이다.

하나님의 생명책에 기록된 자들은 예수님의 피가 흐른 자들이고 예수님의 피가 흐른 자들은 하나님을 위해 자신의 목숨을 버릴 만큼 하나님에 대한 사랑과 충성이 강한 자일 것이라고 믿는다. 충성과 순종 이외에 개가 사람을 위해 해줄 수 있는 것이 아무것도 없는 것 같이 사람도 하나님을 위해 할 수 있는 것이 아무것도 없다. 자신을 창조하신 하나님을 알아보고 그 하나님이 독생자를 이 세상에 보내어 피흘려 죽게 하시고 그 피로 우리를 살리시어 영원히 살게 하신다는 사랑에 감사하며 목숨을 아끼지 않고 하나님을 사랑하며 순종하는 것 이외에 사람이 하나님을 위해 할 수 있는 일은 아무것도 없는 것이다.

좋지 않은 가문 출신의 남자는 가문을 바꿀 수가 없으나, 여자의 경우는 다르다. 좋은 가문에서 태어나지 않은 여자도 가문이 좋은 남자에게 결혼을 하면 그 가문의 사람이 되는 것이기 때문이다. 그러므로 가문이 좋지 않은 여자에게는 좋은 가문에 출가할 수 있는 기회가 주어져 있는 셈이 된다. 가문은 크게 둘로 나뉘어 있는데 곧 아담의 가문과 예수의 가문이 그것이다. 남자는 오직 한 분 예수 그리스도 밖에 없다. 다시 말해서 아담의 가문은 온통 여자로만 되어 있는 가문이다. 우리는 아담의 가문으로서 이것이 우리에게 주어진 기회이자 축복인 것이다. 우리는 죄로 인해 죽을 수 밖에 없는 아담의 가문에서 여자로 태어났다.

예수는 죽지 않은 남자이자 예수의 가문에 들어가면 죽지 않고 영원히 살게 된다. 택하신 백성을 죽을 수 밖에 없는 가문에서 태어나게 하시고, 자신의 장자 예수 그리스도에게로 출가 시키어 영생을 누리도록 하는 것, 이것이 하나님의 구원 계획인 것이다. 그러므로 구원은 곧 예수의 신부가 되는 것과 다름이 없다. 그래서 우리는 여자이어야만 되는 것이고 하나님께서 우리를 여자라 칭하여 주신 것이다. 남자는 오직 한 분 성령으로 잉태하신 예수 그리스도 밖에 없다.

아담의 가문에서 가문의 영광을 위해 최선을 다한다 한들 결국 죽게 되어있기 때문에 허망한 짓이다. 살 수 있는 길은 오직 하나 아담의 가문을 벗어나는 길 외에 없다. 하나님의 간택에 의해 예수의 신부가 되면 예수 가문의 사람이 되는 것이고, 예수 가문에 들어가면 아담 가문에서는 알 수 없는 새로운 세상이 열려 있음도 알게 되는 것이다. 예수의 신부가 되면 주님이 가진 모든 것이 다 내 것이 되는 것이다. 생명까지도. 그런데 예수의 신부가 되기 위해 우리가 할 수 있는 일이 아무것도 없다. 왜냐하면 예수의 신부는 창세전에 이미 생명책에 녹명되어 있기 때문이다. 다시 말해서 생명책에 그 이름이 기록되어 있는 자는 예수의 신부로서 예수 가문의 사람이 될 것이고 그렇지 못한 자는 아담의 가문에서 벗어날 수가 없게 되어 있다는 것이다.

아담의 가문에서는 가문을 빛내기 위해 불철주야 각고의 노력을 다해야 하지만 예수의 가문에서는 모든 것을 다 이루어 놓고 신부로 맞아들이신 신랑 예수의 영광을 드러내기만 하면 되는 것이다. 세상의 족보는 가계도가 복잡하게 엉켜 있으나 생명책에는 오직 신부의 이름만이 나열되어 있다. 세상의 족보에 속한 자는 자신의 피를 자랑하지만 예수의 족보에 들어있는 자들은 예수의 피만을 자랑하게 되어 있다.

세상의 피는 흐르다가 멈추게 되어 있는 혼탁한 피이지만 예수의 피는 영원토록 순환하게 되는 맑고 깨끗한 생명의 피 이다. 아담으로부터 흘러 내려와 많은 나무들을 살렸다가 죽이기를 반복하고 있는 아담의 피는 죄의 피이자 사망의 피이다. 생명나무는 오직 한 그루 예수 그리스도이시며 죽어야할 나무 가지를 꺾어서 생명나무에 접붙임으로 하여 그 가지는 생명나무 가지가 되어 생명나무와 함께 영원히 살게 되어 있는 것이다.

여자가 결혼하면 자신의 성을 버리고 남편의 성을 따르는 풍습과 같이 예수의 신부도 자신의 이름을 버리고 예수의 이름으로 천국에서 예수와 함께 영원히 살게 된다. 예수의 신부는 예수를 위해 자신의 이름을 버리고 예수의 이름으로 살아가는 자 들이다. 아담에게서 먼저 난 나무, 나중 난 나무에 따라서 명명되어 복잡하게 얽혀있는 세상 족보에서 빼내어 오직 하나의 이름만이 존재하는 생명나무 예수 그리스도에게 접붙이어 영원히 살도록 하는 것이 하나님의 창조 목적이자 구원 계획임을 알게 되었을 때 하나님의 은혜가 얼마나 크고 고귀한 것인가 하는 것을 다시 한 번 깨닫게 된다.

5.
이웃사랑

사랑에는 아가페 사랑과 에로스 사랑이 있다.

신이나 부모가 자식에게 주는 일방적인 사랑 또는 친구나 형제간의 사랑을 아가페 사랑이라고 하며, 남녀 간의 사랑을 에로스 사랑이라고 한다. 남녀 간의 사랑이란 상대를 보고 서로 사랑의 감정이 생겼을 때 주고받는 사랑이다. 그러므로 경계를 정하는 것이 다소 무리이기는 하지만 에로스 사랑이 주로 육체적인 사랑이라고 한다면 아가페 사랑은 순전히 정신적인 사랑일 것이다.

부부사랑은 남녀간의 사랑이지만 에로스적이라기 보다는 아가페적이라고 해야 할 것이다. 에로스사랑은 주로 육체적인 사랑이므로 오래 가기 쉽지 않은 사랑이며 지속시키기 위한 노력에 의해 유지되기도 쉽지 않은 사랑이다. 부부에게 있어서 에로스 사랑이 주된 것이라고 한다면 사랑의 감정이 희석되었을 때 헤어지지 않을 수 없게 된다. 부부 사랑을 지속시킬 수 있는 강한 힘은 어떠한 경우에도 참고 받아들이는 아가페 사랑으로부터 나온다는 것을 알 수가 있을 것이다. 부부는 서로를 사랑하기 때문에 사랑하기 보다는 가정을 유지하기 위해 사랑해야 하기 때문에 사랑하는 것이 마땅한 것이다. 그러므로 에로스 사랑에 의해 한 몸 된 부부를 한 몸 되게 하는 것은 아가페 사랑이라는 것을 알 수가 있다.

하나님께서는 부부의 사랑을 어떻게 보셨는지를 들여다 볼 수 있는 대목을 성경에서 찾을 수가 있다. 라헬은 언니 레아에 비해 미모가 출중했고 그래서 야곱은 레아에게는 관심이 없고 라헬을 사랑하였다. 라반은 큰 딸 레아를 라헬에 끼워서 시집보내기로 작정하고 라헬로 속여서 야곱으로 하여금 레아에게 들어가도록 하였다. 그런데 하나님께서는 레아를 통해서 여섯 아들을 주셨으며, 라헬에게는 어렵사리 두 아들만을 주셨다. 그 뿐이 아니고 예수의 조상이 되는 유다도 라헬이 아니고 레아에게서 출생하도록 하셨다. 야곱의 라헬에 대한 사랑을 에로스 사랑 그리고 레아에 대한 사랑을 아가페사랑이라고 보았을 때 하나님께서는 부부에게 있어서 아가페 사랑의 소중함을 강조하고 계심을 짐작할 수가 있을 것이다.

부부가 배우자 이외의 다른 사람과 사랑을 주고받는 행위를 간통이라고 한다. 부부 중 한 사람이 간통을 하면 가정이 파탄에 이르게 되기 때문에 법으로 금지하기도 하였다. 부부는 배우자 이외의 다른 사람으로부터 느끼는 에로스 사랑을 억제하며 오직 배우자 한사람만을 바라보면서 평생을 함께 해야 한다. 그러므로 부부의 사랑은 에로스 사랑을 넘어서 아가페 사랑으로 승화 되었을 때 아름다운 결실을 보게 된다.

사랑은 성격적으로 보아 에로스사랑과 아가페 사랑으로 나눌 수 있으나 사랑을 하는 방법적인 것으로 구분하면 자연적 사랑과 의지적 사랑으로 나누어 생각해 볼 수도 있을 것이다. 사랑을 하고자 하는 의지와 상관없이 저절로 느껴지는 사랑의 감정을 자연적 사랑이라고 한다면, 사랑하려는 의지와 노력에 의한 사랑을 의지적 사랑이라 규정할 것이다.

다시 말해서 사랑하기 때문에 사랑하는 것을 자연적 사랑이라고 한다면 사랑해야 하기 때문에 사랑하는 것이 의지적 사랑이다. 모든 사랑에는 자연적인 것과 의지적인 요소가 복합되어 있음을 알 수가 있을 것이다.

부부나 부모 형제간의 사랑도 마찬가지이다. 부부나 부모형제간에는 사랑의 저해요인이 크게 발생하지 않는 한 자연스럽게 사랑하도록 되어 있다. 그러나 사랑의 저해요인이 발생하였을 때에도 그 사랑을 유지하려는 의지에 따라서 자연적 사랑의 관계가 지속될 수도 있고 깨어질 수도 있다.

우리나라의 경우 과거 대가족 시대에는 부부간의 사랑보다는 부모 형제간의 사랑을 지켜내는 것을 더 소중하게 생각하였다. 그러나 핵가족 시대인 지금에 와서는 부모 형제간의 사랑을 포기하고서라도 부부간의 사랑을 지켜내는 것이 우선이라는 사회적 공감대가 형성되어져 있다.

아무튼 우리가 소유하고 싶은 최고의 정신적 가치라 할 수 있는 사랑은 우리의 노력에 의해 살려낼 수도 있고 소멸시킬 수도 있으며 부부간의 사랑은 가정을 유지하기 위해 우리가 지켜내야 하는 최후의 보루라 할 수 있을 것이다.

고린도전서 13장에서 사도 바울은 해야 할 것과 하지 말아야 할 것을 하는 것으로 사랑을 규정하였다. 해야 할 것은 오래 참음, 온유, 진리와 함께 기뻐함, 모든 것을 참음, 모든 것을 믿음, 모든 것을 바람, 모든 것을 견딤 등의 일곱 가지이며, 하지 말아야 할 것은 자랑, 교만, 무례히 행함, 자기의 유익을 구함, 성냄, 악한 생각, 불의를 기뻐함 등의 일곱 가지이다.

그렇다면 누구를 사랑하기 위해 참고 견뎌내야 하는 것일까? 말할 것도 없이 사랑을 지켜내고자 하는 대상을 위해서일 것이다. 사랑을 지켜내야 할 사람은 나와는 떨어져 살 수 없는 관계로 맺어져 있기 때문일 것이다. 나와 상관없는 사람이라고 한다면 믿고 참아내며 견뎌낼 필요도 없을 것이다. 부모 형제는 나와 가장 가까운 사람들이기 때문에 멀리 할 수 없고, 부부는 나와 한 몸이기 때문에 떨어져 살 수가 없다. 그렇기 때문에 부모 형제와 부부의 사랑은 우리가 믿고 참으며 지켜 내지 않을 수 없다.

하나님을 다른 말로 하면 사랑이라 할 수 있고, 하나님께서는 자신과 자신의 백성의 관계를 부자관계 또는 예수님을 통한 형제자매나 부부관계로 설정해 놓으셨다. 어떤 경우에도 당신이 택한 백성을 버리지 않고 사랑으로 지켜내시겠다는 강한 의지를 나타내신 것으로 볼 수 있을 것이다. 전지전능하신 하나님께서 하시고자 정하신 생각은 곧 이루어진 것이나 마찬가지이다. 하나님께서는 독생자 예수를 이 땅에 보내시어 피 흘려 죽게 하심으로 자신의 백성을 피로 구속하여 자녀 삼으시고 음란한 여자 고멜과 같이 사탄과 간음하며 살아가는 죄인들을 사랑으로 감싸 안고 예수님의 신부로 맞아들여서 창세전에 예비하신 새 하늘과 새 땅에서 영원히 함께 살도록 하셨다.

예수님의 신부가 된 성도들은 예수님을 머리로 하여 한 몸이 된 상태로서 교회라고 부른다. 이런 의미에서 하나님의 백성은 예수님의 몸으로서의 이웃이 된 상태이기 때문에 서로 사랑하지 않을 수 없게 된다. 하나님의 은혜로 하나님의 백성이 된 성도는 하나님의 자녀이자 예수님의 신부로 정해져 있는 자임을 알지 못하고 간음하며 살아가는 자들에게 예수님의 사랑을 전하지 않을 수 없게 된다. 또한 예수님이 자신의 머리로서 자신의 참 생명이라는 것을 알게 된다. 그러므로 육체적 생명이 소중함과 같이 영적 생명이 되신 예수님을 목숨처럼 사랑해야 하는 것은 당연한 이치이다. 이것이 하나님 사랑과 이웃사랑에 들어 있는 영적 의미이며 예수 그리스도를 통하지 않는 이웃 사랑은 예수님과는 상관없는 사랑으로서 헛된 것이 아닐 수 없다.

예수 안에서 하나 된 성도는 나와 마찬가지로 예수님의 몸 된 이웃이 곧 영원히 함께할 보다 크고 넓은 의미의 확장된 나라는 것을 알 수 있을 것이다. 전도는 자신이 예수의 몸이라는 것을 알지 못하고 살아가는 예수의 몸 된 자들에게 그들이 예수의 몸이라는 것을 알리는 것이고, 이웃 사랑이라는 것은 전도를 위해 힘쓰는 것 다시 말해서 하나님의 일을 하나님의 뜻에 따라 예수님과 함께 행하는 것이라 말할 수 있다.

　　바울이 생각하고 있는 사랑의 대상 역시 한 사람의 영혼이라 할 수 있을 것이다. 이러한 사랑을 실천하기 위해 눈물로 기도하며 헌신하다가 순교한 신앙의 선배들이 수없이 많이 있다. 이웃 사랑의 의미가 무엇인지를 알았기 때문일 것이다. 자신과 깊이 관계되어 있는 가족도 목숨처럼 사랑하기가 쉽지 않은데 하물며 자기와 전혀 관계없는 이웃을 목숨처럼 사랑할 수는 없는 일일 것이다. 그러므로 예수 그리스도의 이웃 사랑의 원리를 알지 못하고 실천하는 이웃 사랑은 율법의 행위에 불과하다는 것을 알 수가 있을 것이다. 행함이 같다고 하더라도 율법으로 행함과 믿음으로 행함은 전혀 다른 결과를 초래한다는 것을 알아야 한다.

　　부부가 서로를 사랑할 수밖에 없는 이유는 부부는 서로 한 몸이기 때문이다. 우리는 이기적인 존재임을 인정해야 한다. 다시 말해서 나와 상관이 없는 사람을 사랑할 수 없다는 뜻이다. 부부는 싫어도 떨어져 살 수 없고 함께 살아야 한다. 싫은 사람과 함께 산다는 것 보다 더 큰 고통은 없을 것이다. 그러므로 부부는 서로를 사랑하려는 노력을 게을리 해서는 안 된다. 부부 관계의 특징은 완전한 남이 어설픈 자신이 된 경우이다.

바울이 규정한 사랑을 부부를 대상으로 하여 말했을 때 대부분 들어맞는다는 것을 알 수가 있을 것이다. 다시 말해서 부부가 서로를 위해 해야 하는 사랑을 이웃에게도 그대로 행하는 것이 사랑의 본질이라는 뜻이다.

부부는 육체가 다하기까지 떨어져 살 수가 없다.

그러나 부부는 이혼하면 남남이 되지만 부자관계는 그 누구도 끊을 수 없다. 하나님께서는 당신의 백성과 자신과의 관계를 부자관계와 같이 끊을 수 없는 부부관계로 설정해 놓으셨다. 예수의 신부로서 이웃이 나와 한 몸이라는 것을 알게 된 성도는 이웃을 사랑하지 않을 수 없다는 것을 알게 된다. 육체적으로 하나 된 부부는 육체가 다하기까지 하나 된 나이지만 예수의 신부로서 하나 된 이웃은 새롭게 알게 된 영원히 함께할 나인 것이다.

화려한 물질문명의 무한 경쟁사회에 살고 있는 우리는 이웃이 우리가 지켜내야 할 사랑의 공동체라는 생각을 하기 보다는 이웃보다는 더 많은 것을 소유하고자 하는 경쟁의 대상으로 여기며 살아가고 있는 것이 보통이다. 우리가 사랑하는 사람들은 어떤 식으로든 우리와 깊이 관계되어 있다는 것을 알 수가 있고, 그 사랑을 유지하기 위해 노력하는 것이 사랑하는 것이라는 것 또한 알 수 있을 것이다. 그러므로 우리는 이웃이 우리와 전혀 관계가 없다고 생각하고 있는 한 이웃을 진정으로 사랑할 수가 없다. 진정한 의미의 이웃 사랑은 이웃이 곧 나라는 기독교적인 관점을 이해하지 않고서는 실천할 수가 없을 것이다. 사랑은 하나님이시고 사랑한다는 것은 하나님이 택한 백성이 그리스도 안에서 하나 되도록 하는 것이며, 그 사실을 세상에 널리 알리는 것이 진정한 의미의 이웃사랑이라는 것이다. 그러므로 그리스도의 몸 된 성도의 이웃 사랑은 모두 이러한 원리에 의해 수반된 행위이어야 할 것이다.

수학을 통해 본
하나님

1.
관계

수학에 집합이라는 용어가 있다. 초등학교 학생들이 운동장에서 뛰어 놀다가 2학년 4반 집합 하면 2학년 4반 학생들이 다 모이게 되는데 이와 같이 동질성이 있는 대상들의 모임을 곧 집합으로 생각하면 되겠다. 그러니 대한민국 사람 전체의 집합, 전 세계 모든 사람들의 집합 등이 집합의 좋은 예로 볼 수가 있다. 집합 상에는 관계라는 용어가 정의된다.

관계에 의해 집합은 분류됨을 알 수가 있다. 예를 들어 전 세계 사람 전체의 집합에 같은 민족 관계를 주면 세계 모든 민족이 같은 민족끼리 분류되는 것과 같다. 예수님이 오신 목적은 세계 모든 만방이 예수님을 통해 하나 되게 하시기 위해 이 땅에 오셨다(엡 1:10). 그러므로 우리가 예수님을 통해 하나 되기 위해서는 예수님과의 올바른 관계를 형성하여야 한다.

예수님께서도 관계를 매우 중요하게 생각하셨다. 우리는 예수님이 예수를 믿는 우리들을 구원으로 인도하신다는 것을 믿고 있다. 예수님께서는 새 예루살렘을 건설하시고자 하는 하나님의 계획을 알려주기 위해 이 땅에 오셨고, 천국에 들어가는 것이 우리 인생의 목표가 되어야 한다고 가르치신다. 천국에 들어가기 위해 가장 중요한 것이 예수님과의 올바른 관계형성이라는 것을 알 수가 있다. 여기서 말하는 관계는 주님과 하나 되는 임마누엘 사상을 말하며 칼빈이 말하는 신비한 연합이다. 우리가 그리스도 안에 있고 그리스도가 우리 안에 있어서 이제는 내가 사는 것이 아니라 내 안에 그리스도가 사신다는 바울의 고백을 말한다.

이에 관한 성경말씀이 누가복음 13장 24절부터 27절에 잘 나타나 있다. 즉, 주님과 함께 먹고 마시고 주님의 말씀을 길거리에서 들었다고 하면서 문을 열어달라고 말한 사람에게 나는 너를 알지 못한다고 잘라 말씀하신다. 단지 주님께 눈도장이 찍혔다고 하여 주님께 기억되는 것이 아니라는 것을 분명히 하셨다. 주님께 기억되기 위해서는 주님과의 관계가 형성되어야 함을 돌려 말씀하신 것으로 받아들일 수가 있다.

예수님께서는 좁은 문으로 들어가라고 말씀하신 후 아브라함과 이삭과 야곱과 여러 선지자들과 같지 않고서는 천국에 들어갈 수 없다고 말씀하심으로 천국에 들어가는 것이 결코 쉽지 않다는 것을 깨닫도록 하셨다. 예수님을 만나서 예수님의 말씀을 직접 듣고 다닌 사람들이 천국에 들어가지 못한다면 천국에 들어갈 사람이 과연 몇이나 될까 하는 의문이 자연히 생길 수밖에 없는 말씀 장면 중의 하나이다. 예수님께서는 천국에 가기 위해서는 예수님을 만나는 것도 중요하지만 그것보다 더욱 중요한 것이 예수님이 기억될 수 있도록 하여야 한다는 것을 강조하신 것 같다.

예수님께 기억되는 사람이 되기 위해서는 예수님과 관계되는 삶을 살아야 하고 그러기 위해서는 예수님께서 관심이 있는 일을 하면서 살아야 할 것이라는 생각을 하게 된다. 성경 말씀을 도덕적인 것으로만 받아들인다면 세상 종교의 가르침과 크게 다를 것이 없을 것이다. 불교의 자비, 공자의 중용사상 등이 예수의 사랑과 크게 다를 바가 없기 때문이다.

사실 성경이 무엇인지도 모르는 사람들이 성경 말씀을 기준으로 하여 사는 사람보다 더 자비롭고 더 많은 선행을 하면서 많은 사람들에게 칭송을 받으며 살아가는 것을 종종 볼 수가 있다. 그런데 왜 예수님께서는 예수님을 통하여야만이 천국에 들어갈 수 있다고 하셨던 것일까?

이에 대한 답변을 사도 바울이 우리에게 분명하게 해주고 있다. 사도 바울은 로마서 3장 28절에서 "그러므로 사람이 의롭다 하심을 얻는 것은 율법의 행위에 있지 않고 믿음으로 되는 줄 우리가 인정하노라"라고 잘라 말하였다.

쉽게 말하면 예수님은 천국의 주인이시기 때문에 천국은 천국의 주인이신 주님이 허락한 사람만이 들어갈 수가 있는 것이고 그 허락 여부는 오로지 주인의 고유 권한인 것이다. 다시 말해서 천국의 주인이신 주님이 들어오게 하면 들어가는 것이고 들어오지 못하게 하면 들어가지 못하는 것이다.

그렇다면 천국에 들어가기 위해 우리가 해야 할 것이 무엇인지 쉽게 알 수가 있다. 평소 주인과 잘 사귀어 놓는 일일 것이다. 주인과 사귀기 위해서는 주인이 자주 가는 곳을 알아서 그 곳에 가야 주인을 만날 수 있을 것이고, 그러기 위해 주인의 취미에 맞추어 나의 취미를 바꾸어 나가야 할 것이다. 내가 즐기는 곳에 주인을 초대하는 방법을 생각할 수도 있으나, 그 초대에 주인이 응하지 않는다면 주인과 교제할 기회를 갖기가 쉽지 않을 것이기 때문이다. 예수를 모르는 세상 사람이 고아와 과부를 위해 수억을 기부하였다고 하여도 예수와 관계가 없음은 이러한 행위의 동기가 하나님을 기쁘게 하고 하나님의 영광을 드러내기 위한 것이 아니기 때문이다.

기부한 사람도 예수님 집에 들어갈 생각이 없을뿐더러 들어오고 싶은 사람이 줄서 있는데 들어갈 생각이 없는 사람에게 찾아가서 들어오기를 권하는 주인도 없을 것이기 때문이다. 천국에 들어가는 것은 성령으로 예수를 그리스도로 믿고 성령으로 하나님의 형상을 회복해가는 예수님과의 관계형성이지 단순히 도덕적으로 행해지는 의로운 행위가 아니다. 그러므로 예수를 그리스도로 믿지 않고서는 천국에 들어갈 수 없는 이유가 바로 여기에 있다.

그런데 예수님께서 말씀하신 대상은 주인을 아는 사람들이고, 그 사람들이 바로 교회를 다니는 우리들이라는 생각을 해 볼 때 우리의 신앙생활을 어떻게 하여야 할 것인가를 숙고해 볼 필요가 있을 것이다.

예수를 믿는 우리들에게 있어서 우리가 아무리 큰 선행을 한다고 하여도 그것이 성령의 은혜로 되어진 것이 아니고 우리의 의를 드러내기 위한 것이라면 그것은 예수님과는 관계없는 도덕적 행위가 되는 것이다. 그것은 보물을 천국에 쌓는 일과 무관하기 때문이다. 가장 확실하게 천국에 보물을 쌓는 일은 오른손이 하는 일을 왼손이 모르게 하는 일일 것이다. 예수님께서는 "너의 의가 바리새인과 세리보다 낫지 못하면 결단코 천국에 들어가지 못하리라"(마태복음 5:20)고 말씀하셨다. 여기서 말하는 의는 말씀의 외연적 행위로 이해할 수가 있다. 우리는 외연적 말씀의 행위 뿐 아니라 내면적 말씀의 행위를 다하여야 천국에 들어갈 수 있음을 분명히 하셨다.

신앙생활의 기본은 기도 생활이라고 생각한다. 바른 기도 생활이야 말로 예수님과 관계되는 삶을 위해 필수적인 요소라고 생각한다. 기도의 내용은 주기도문의 틀을 넘어가지 않아야 한다고 생각한다. 우리는 주님의 뜻을 이루시라고 기도하여야 한다. 내가 세워 놓은 계획 속으로 주님이 들어오시도록 기도하는 것이 아니고 주님의 계획 가운데 나를 참여 시켜 달라고 기도해야 하는 것이 옳을 것이다. 마치 권력을 가진 사람에게 나를 위해 요직을 달라고 부탁하는 것과 같은 이치가 아닐까 생각한다. 천국에 들어가기 위해서는 천국의 일에 도움이 되는 일을 하여야 하는 것이 마땅하기 때문이다.

　우리는 기도 중에 우리의 말을 아끼고 하나님의 말씀을 듣기 위해 나의 마음을 온통 비워 두어야 할 것으로 생각한다. 다시 말하면 내 욕심을 내려놓고 하나님의 원하심을 구하는 것이다.

　내가 혼자서 기도할 때 몸은 하나님께 꿇어 앉아 있으나 마음은 온통 세상일에 사로 잡혀 있는 자신을 발견하곤 한다. 그럴 때면 몸과 마음이 하나 되어 주님 앞에 꿇어 앉기를 원한다는 기도부터 하여 기도의 기본자세를 유지하기 위해 힘쓰고 있다.

　세상을 살다 보면 한 두 번 쯤 배신을 당해 본 적이 있을 것이다. 나도 배신감에 사로 잡혀 헤어나기 어려운 때가 있었다. 그런데 지금 생각해 보면 그 배신감은 나 중심적인 사고로 인해 생긴 것이었음을 알 수가 있다. 그 사람의 입장으로 들어가서 생각해 보니 나를 배신하지 않으면 다른 사람을 배신해야 하는 배경을 가지고 있었기 때문이다.

　하물며 하나님에 대한 믿음도 마찬가지라고 생각한다. 내 방식대로 하나님을 생각하며 하나님이 도와주실 것으로 굳게 믿고 세상일을 계획하다가 실패하면 하나님께서 외면했다고 생각하여 자살까지 하는 신자들이 있는데, 이 가운데 들어있는 사탄의 음모를 경계해야 하리라고 생각한다.

　우리는 하나님을 믿는다는 말을 일상 쓰고 있는데, 그 보다는 하나님께 믿음을 주는 사람이 되기 위해 노력하는 것이 옳다고 생각한다. 하나님의 목적을 이루기 위해서는 하나님께 인정받기 위해 사는 것이 하나님을 믿고 사는 것 보다 더 바람직하다고 생각하기 때문이다. 왜냐하면 하나님을 믿고 사는 것은 자칫 하나님을 믿고 나의 목적을 달성하기 위해 살아가고 있는 나 자신을 뒤늦게 발견할 수 있기 때문이다.

성경을 통해 알 수 있는 예수님과 우리와의 관계는 3가지 경우로 나눌 수가 있다. 즉 부자관계, 친구관계, 신랑과 신부관계 등이 그것이다. 이러한 관계는 모두 끈끈한 사랑의 관계임을 알 수가 있다. 우리가 경계해야 할 관계는 신랑과 신부의 관계일 것이다.

부부는 무촌이라고 한다. 무촌이라 함은 한 없이 가까운 관계일 수도 있으나 그 정 반대가 되는 경우도 있다. 부부관계는 강한 질투심을 수반한 사랑의 관계이다. 그러나 부부 중 하나가 음행을 하였을 경우 질투심은 분노로 변하여 원한 관계로 바뀌고 만다.

하나님께서 우리에게 느끼는 질투심은 우리가 사탄과 함께 즐기고 있는 영적 간음을 지켜 보시는 것이라는 것을 우리는 깊이 깨달아야 할 것이다. 우리의 실수로 저지른 잘못은 부자간의 관계에 의해 모두 용서 받을 수 있지만, 서슴지 않고 자행하는 영적 간음까지 용서 받을 수 있을 것이라고 생각하는 것은 잘못된 것일 것이다.

이렇게 생각해 보면 하나님께서 생각하시는 죄악의 경중과 용서의 범위를 어느 정도 이해할 수 있을 것 같다.

사탄의 이끌림에 의해 자신도 모르게 끌려 들어가게 되는 미움과 시기와 질투 그리고 음욕 과 분노와 과욕 등이 바로 사탄과 간음하는 것이고, 하나님은 이것을 가장 싫어하신다는 것이다. 이것들이 우리의 삶을 제압하지 못하도록 하나님과 함께하여 우리의 영혼을 굳건히 지켜 나가는 것이 신앙생활의 바른 자세일 것으로 믿는다.

혹자는 흑백 논리라고 강하게 거부반응을 나타내지만, 세상 사람들이 두 부류로 나누어진다는 것을 성경은 우리에게 말해주고 있다. 예수님과 관계가 있는 사람들과 그렇지 못한 사람들로. 연옥이 있다고 하거나 일반 구원이 있다고 하는 것은 극히 무책임한 말로써, 이러한 말을 믿을 수 있는 근거는 성경 어디에서도 찾아 볼 수가 없다. 성경에 기록되지 않는 말을 우리의 사고 논리로서 나름대로 판단하여 만들어 내는 것은 그것이 비록 사실이라 할지라도 극히 위험한 발상임을 명심해야 할 것이다. 연옥이 있다는 말을 믿고 안일하게 살아가다가 연옥이 없다면, 연옥이 있다고 말한 사람은 그 책임을 면할 길이 없을 것이기 때문이다. 그러나 성경에 기록된 대로 천국과 지옥만 있다고 말한다면 그 말을 한 사람이 책임질 일은 없기 때문이다.

우리는 항상 깨어서 쉬지 않는 기도로 하나님과 바른 관계를 유지함으로 하여 천국 시민의 대열에서 이탈되지 않도록 지혜롭게 살아가야 할 것이다.

2.
위상 정립과 위상 변화

ΩA　　　　우리는 흔히 우리의 위상을 정립하자 라는 말을
자주 쓰곤 한다. 위상을 정립하는 것은 곧 분수를
아는 것이다. 우리 속담에 "남이 장에 가니 두엄지고 장에간다"
라는 말이 있다. 또한 나의 어머니가 자주 쓰셨던 말로서 "뱁새
가 황새걸음 하려고 하면 가랭이가 찢어진다" 라는 말이 있는데
이러한 말들은 위상을 정립하여 위상에 걸맞게 살자 라는 말의
다른 표현일 것이다. 즉 여러 가지 변수를 고려한 나의 상황을
냉철히 파악한다면 나의 경제적인 역량과 사회적인 위치 등을
알게 될 것이고 그 수준에 맞게 살아가는 것이 세상을 무리하지
않고 안정적으로 살아가는 방법이라 할 수 있을 것이다. 이렇게
자기의 위상에 맞게 근면 성실히 살아가다 보면 부자가 될 수도
있고 명예와 권력을 얻어 세상 사람들의 부러움의 대상이 될 수
도 있을 것이다.

세상의 부러움을 받고 있는 사람들은 그들 스스로도 자신은 자신의 위상을 높이기 위해 최선을 다해 살았다고 생각하고, 자신의 높아진 위상에 대해 긍지와 자부심을 갖기도 한다. 그러나 이러한 생각은 오래 가지 못하고 자신의 위상을 보다 더 높이기 위해 더욱 열심히 살아간다. 어떤 사람은 과욕을 부림으로 본인의 의도와는 달리 사람들의 비웃음과 지탄의 대상이 되기도 한다. 우리는 주로 세상 사람들에게 자신의 성공한 모습을 보여주기 위해서 그리고 자기의 성공한 모습을 부러워하는 세상 사람들의 모습을 보며 행복감을 느끼면서 살아가고 있음을 알 수 있다.

　　일례로 미국 등 외국에 이민을 가서 나름대로 성공했다고 생각한 사람들의 불만은 자기들의 성공한 모습을 자신이 아는 많은 사람들에게 보여주지 못한다는 것이라고 한다. 자신이 성공한 모습을 과시할 대상이 없기 때문에 자기가 가진 것들이 진가를 발휘하지 못한다고 생각한 것이다. 그런데 세상의 부와 명예와 권력을 한 몸에 지닌 솔로몬도 자기가 소유한 모든 것에 대해서 "헛되고 헛되니 모든 것이 헛되도다"(전도서 1장 1절)라고 하였다. 그러니 우리가 얻고자 하는 세상의 모든 것이 헛된 것임은 분명한 것 같다.

　　생소하게 들리겠지만 수학의 전공과목 중에는 위상수학이라는 것이 있다. 위상수학에는 위상공간과 위상동형이라는 개념이 있다. 두 위상공간이 위상 동형일 때 두 위상공간은 같은 공간이라고 하고 위상동형이 아닐 때 다른 공간이라고 한다. 내가 전공하는 수학의 분야가 마침 위상수학이어서 위상수학과 위상변화가 어떠한 것인지에 대해 되도록 쉽게 살펴보고 이와 관련지어서 신앙생활을 하는 우리들에게 있어서의 진정한 변화의 의미가 무엇인지에 대해 위상 변화의 의미와 대비하여 설명해 보고자 한다.

위상수학은 위상기하라고도 하는데 기하학과 다른 점은 대상을 눈에 보이는 그대로 보는 것이 아니고 연속적인 작용에 의해 만들어진 것은 변형된 것이지 변화되었다고 보지 않는 것이다. 예를 들어서 고무줄과 같이 신축성이 있거나 가는 철사줄과 같이 구부릴 수 있는 줄이 있다고 할 때 이것을 늘이거나 구부려 놓은 모양이나 펴 놓은 모양은 분명히 다른 모양이다. 철사줄로 ㄱ,ㄴ,ㄷ,ㄹ 자 등의 모양을 만들어 놓았을 때 이들은 각각 기하적으로 보면 다른 모양이지만 위상적으로 보면 변화된 것이 아니고 같은 위상공간 즉 위상동형인 위상공간인 것이다.

또 다른 예로 도우넛(도나스 빵을 생각하라)모양의 진흙을 주물러서 가능한 한 많이 한 쪽으로 모은 후 모은 부분을 누르고 곱게 다듬어서 용기가 되도록 하면 나머지 부분을 손잡이로 한 머그잔 모양을 만들 수 있는데, 이 또한 위상 동형인 위상공간이지 서로 다른 위상공간이 아니다(이 부분은 잘 이해가 가지 않을 것이므로 이해 되지 않으면 이해되지 않은 채로 넘어가기 바란다). 그러나 고무줄을 끊거나 고무줄의 양 끝을 붙이면 다른 위상공간이고 도우넛 모양의 진흙을 끊어서 통나무 모양을 만들면 다른 위상공간이 된다. 안경테 모양의 진흙을 떼어내지 말고 주무르고 다듬어서 도우넛 모양을 만들 수 없기 때문에 안경테와 도우넛은 서로 다른 위상공간임을 알 수 있다.

늘이거나 구부리는 것을 연속적인 변화라 하고 끊거나 붙이는 것을 불연속적인 변화라고 하는데 위상수학에서는 연속적인 변화는 변화되었다고 보지 않는 것이다. 원의 모양을 연속적인 변화에 의해 삼각형 사각형 오각형 육각형 등 얼마든지 만들 수 있으나 이들은 모두 위상적으로 같은 도형이다. 즉 위상적으로 변화되지 않은 도형인 것이다. 위상적으로 볼 때 직선과 곡선은 같은 것이고 곡선과 원이 다른 것이다.

우리가 삼각형의 모양이었을 때 우리는 사각형 모양이 부러웠다. 그래서 사각형 모양이 되려고 열심히 노력한 결과 사각형이 되었다. 그런데 사각형 모양이 되고 보니 오각형이 부러운 것이다. 그래서 오각형이 되려고 노력한 결과 드디어 오각형이 되었다. 그런데 육각형 칠각형 팔각형 등 자신이 성취해야 할 것들이 무수히 많다는 것을 알게 되고 시간과 능력의 제한성 때문에 원하는 것을 성취할 수 없다는 것도 깨닫게 된다.

우리는 우리가 소유하고 성취한 것에 대해 만족하기도 하지만 그것 보다는 갖지 못한 것을 갖고 싶은 욕망을 다 채우지 못한 것이 불만이고 그래서 불행하게 살아가고 있음을 부인 할 수 없다. 그러므로 사촌이 논을 사면 배가 아프다는 속담처럼 가까운 사람이 잘되는 것을 보고 내 일처럼 기뻐하는 것이 아니고 상대적인 위상의 낮아짐을 느낌으로 하여 우울한 마음이 드는 것이 보통이다. 더구나 평소 싫은 감정을 가지고 있는 사람들이 행복하기 보다는 차라리 불행하게 되었으면 하는 마음으로 살아간다. 하나님께서는 우리의 이같이 한심한 모습을 보시고 탄식하시다가 적당한 때에 오각형이나 십각형 모양이 된 우리 형체의 한 군데를 싹뚝 잘라버리신다. 잘리우고 보니 우리는 우리의 진정한 변화의 모습을 보게 된다. 참으로 놀라운 일이다. 내 모습이 완전히 바뀌어 있음을 알게 된다. 몇 군데 구부리기 위해서 그토록 발버둥 쳤던 내 모습이 순식간에 완전히 끊어져서 전혀 다른 모습으로 바뀌어 있음을 알게 된다. 확실히 위상이 변화되었기 때문이다. 삼각형에서 사각형으로 사각형에서 오각형으로 변화되었다고 생각했던 나의 위상이 실제로는 전혀 변화되지 않고 그게 그거였음을 알게 된다.

위상변형이라는 말은 없는 것이다. 죽도록 고생하여 변화시키려 했던 나의 모습은 변형되었을 뿐이지 전혀 변화되지 않았고 그게 그거였으니 허탈할 수밖에 없었다는 것도 드디어 깨닫게 된다. 자신의 위상을 높이고자 노력하여 위상이 변화 되었다고 생각했던 자신의 모습이 실제로는 무늬만 바뀌었을 뿐 전혀 변화되지 않았었다는 것을 알게 되었기 때문이다. 실제적인 변화는 끊어져야 된다는 놀라운 사실을 알게 된 것이다. 구부러진 것은 변화가 아니라 변형인 것이다. 위상이 변화되고 보니 추구하는 가치기준도 바뀌게 된다. 성취하고서도 허무하지도 않고 참으로 행복한 기쁨을 느낄 수 있는 새로운 것이 있음을 알게 되었기 때문이다. 이제는 백각형도 부럽지가 않게 된다. 왜냐하면 그것은 이제 더 이상 내가 성취하고자 하는 나의 모습이 아니기 때문이다. 나는 이제 더 이상 어떤 모양이 되려고 하지 않는다. 어떤 모양이 되어서 누구에게 보여줌으로써 만족하는 것이 아니라 하나님께서 나에게 주어진 사명이 무엇인가를 알고자 하고 그 사명을 따라서 살아가려고 노력하게 된다. 아담의 공동체에서 불행하게 살고 있던 나를 변화시키어 예수님 공동체의 일원이 되게 하신 하나님께 무한히 감사드리며 살아가게 된다. 왜냐하면 예수님 공동체의 삶은 너무도 행복하기 때문이다.

그 곳은 눈에 보이는 것은 허상이고 진정한 가치는 눈에 보이지 않는다는 것을 알고 있는 사람들이 모여 있는 곳이다. 이제 내가 설정해 놓은 나의 세상 목표가 전부가 아니고 하나님이 설정해 놓은 하나님의 목표야 말로 예수 공동체의 삶의 목표임을 알게 된다. 그렇다고 하여 이전에 내가 추구했던 가치가 헛된 것이니 아무런 의미가 없다고 생각하는 것은 전혀 아니고 오히려 그 반대이다. 나의 위상이 변화되고 보니 내가 가지고 있는 모든 것이 그토록 소중하고 귀하게 느껴질 수가 없는 것이다.

세상에서 소유한 모든 것들이 죽으면 나와는 관계없는 것이라고 생각할 때 허무한 것이지만 육신은 죽을지라도 영혼은 죽지 않고 영원히 산다는 것을 알게 되면 자기가 소유한 모든 것이 나와 무관하게 되는 것이 아니기 때문이다. 단지 그것은 유한한 가치일 뿐 그것과 비교할 수 없는 무한한 가치가 있음을 알게 되었기 때문에 가치의 순위만 달라진 것이다. 우리는 쉽지는 않으나 우리의 위상을 변형시킬 수는 있어도(위상변형은 없는 말이긴 하지만) 변화시킬 수는 없다. 하나님만이 우리의 위상을 변화시킬 수 있는 유일한 분이시다.

하나님께서 나의 위상을 변화시킴으로 하여, 갖지 못한 것을 얻기 위해 갖고 있는 것들의 소중함을 깨닫지 못하고 살아왔던 나를 소유한 것에 대해 감사하면서 살아가는 나로 새롭게 태어나도록 하셨다. 이것은 거듭남이고 변화된 삶이라 할 수가 있다. 거듭남이란 물과 성령으로서만이 가능한 것이기 때문에 오직 하나님만이 우리를 거듭나게 하실 수가 있는 것이다. 채워도 채워도 채우지 못할 욕심의 도가니가 깨진바 되었고, 이미 채워져 있는 많은 독을 바라보면서 여유 있게 그리고 감사하면서 살아가고 있는 나로 변화된 것이 진정한 변화이자 거듭남이라 할 수 있을 것이다.

전지전능하시고 만유의 주재이신 사랑의 하나님 아버지! 세상의 욕심으로 만족함이 없이 세상의 쾌락 가운데에서 참다운 행복감을 느끼지 못하고 살아가고 있는 저희를 구원하여 자녀 삼으시고 자족하게 하시어 감사와 찬송과 기쁨으로 살아가도록 하심을 감사드립니다. 과거에도 현재에도 그리고 미래에도 영원히 살아계신 하나님과 함께 우리도 영원히 살도록 놀라운 은혜 베풀어 주심을 감사드립니다. 아멘.

3.
하나님의 세계는 4차원

언젠가 담임 목사님의 설교 중에 하나님의 세계는 4차원이라고 하셨는데 그 말씀이 내가 평소 영의 세계가 있다면 4차원일 것이라고 생각해왔던 나의 생각과 같았으므로 4차원의 세계가 어떤 것인가에 대하여 생각해 보고자 한다.

4차원의 세계를 이해하는 것은 쉽지 않음으로 글의 내용을 바로 읽어서 이해되지 않으리라는 것도 알고 있다. 이해가 되지 않는 부분은 이해가 되지 않은 채로 끝까지 읽어 주기 바란다.

결론은 하나님은 우리보다 한 차원 높으신 분이고 차원이 하나 더 높음으로 하여 능력의 차이는 지대하다는 것을 말하고자 함으로 이점에 주안점을 가지고 읽어주면 고맙겠다. 차원은 0차원에서 시작한다. 0차원은 점을 의미한다. 다음이 1차원인데 직선을 가리켜 1차원 공간이라고 한다. 따라서 면적이나 부피가 없고 길이만 있는 존재만이 1차원 공간에 속할 수 있다.

1차원 공간에 속한 존재는 직선의 일부만을 볼 수 있다. 2차원 공간은 평면을 일컫는다. 그러므로 2차원 공간에 속하는 물체는 부피가 있을 수 없다. 2차원공간에 속하는 존재는 2차원의 세계만을 볼 수 있으므로 360도 방향을 볼 수 있다. 즉 원의 중심에서 원의 주위를 모두 볼 수 있음을 말한다. 1차원의 존재와는 비교할 수 없는 능력을 가지고 있음을 알 수 있다.

선을 1차원, 면을 2차원이라고 한다. 2차원의 세계에서는 1차원인 선이 경계가 되어 선의 반대편에 있는 것을 볼 수 없음을 알 수 있을 것이다. 우리가 살고 있는 공간은 3차원의 세계이다. 3차원 공간에서는 360도 방향에 있는 모든 것을 360도 회전해 놓는다 해도 다 볼 수 있다. 3차원의 세계에서는 2차원의 세계와는 달리 1차원이 벽이 될 수 없음을 알 수 있다. 3차원의 세계에서는 1차원인 선은 벽이 될 수 없고 2차원인 면이 벽이 되어서 3차원에 살고 있는 우리는 2차원인 벽을 이용해 은밀한 장소를 마련하여 남의 눈을 피할 수가 있다.

그러나 3차원의 세계에서 3차원보다 2개 차원 낮은 1차원이 벽이 될 수 없듯이 4차원의 세계에서는 3차원의 세계에서 벽이 된 2차원인 면이 벽이 될 수가 없다. 하나님께서는 토굴속에 들어가서 하는 일도 다 아신다. 그러므로 하나님께서는 4차원에 살고 계심을 알 수 있다. 다시 말해 하나님은 4차원의 눈을 가지신 분이다. 4차원에 대한 이해는 쉽지 않으므로 2차원에서 3차원을 이해하듯 유추해서 이해하여야 한다.

좀 다른 시각으로 이해해 보도록 하자.

직선상에 있는 각 점에서 그 점에 수직인 직선을 그려 넣었을 때 평면이 됨을 알 수 있다. 여기서 처음 주어진 직선을 1차원 시간 축이라고 할 때 2차원인 평면은 1차원인 직선이 시간의 흐름에 따라서 연속적으로 이동하여 형성된 공간임을 알 수 있다. 이제 직선상의 각 점에서 그 점에 수직인 평면을 그려 넣었을 때 3차원 공간이 됨을 알 수 있다. 여기서 처음 생각한 직선을 2차원 시간축이라 할 때 3차원 공간은 2차원인 평면이 시간의 흐름에 따라 연속적으로 이동하여 형성된 공간임을 알 수 있다. 이와 같이 생각하면 4차원 공간은 3차원 시간축의 각 시간에 대하여 3차원공간이 연속적으로 이동하여 형성된 공간임을 알 수 있을 것이다.

우리가 사물을 보는 바로 그 순간은 3차원 시계가 정지된 상태로 볼 수 있고 그 물체의 각 단면은 2차원이며 2차원 시간의 흐름에 따른 단면의 모양을 연결 지어서 동시에 봄으로써 그 물체의 모양이 식별되는 것이다. 이 부분이 가장 이해하기 어려울 것으로 생각되지만 이해되지 않는다면 이해되지 않은 채로 넘어가기 바란다. 그러므로 3차원 공간은 2차원 공간에서의 시간의 제약을 벗어난 공간이라고 할 수 있다. 즉 3차원의 눈은 2차원 공간의 과거와 현재 그리고 미래를 한 눈에 볼 수 있음을 알 수 있다. 이렇게 생각하면 4차원 공간은 3차원 공간에서의 시간의 제약을 벗어난 공간일 것이라는 것을 예측할 수 있을 것이다.

시간축의 각 시점에 대하여 3차원 공간이 대응되는 공간은 4차원 공간이 될 것이고 4차원 공간에 속하신(눈을 가지신) 하나님은 3차원 공간에서의 과거 현재 그리고 미래를 한 눈에 보실 수 있는 것이다.

이와 같이 생각하면 하나님이신 예수님께서는 4차원의 눈을 가지셨음으로 사마리아 여인을 보시고 그 여자의 남편이 다섯 명 있었다고 말씀하신 것도 우리는 자연스럽게 받아들일 수 있음을 알 수 있을 것이다. 예수님은 그 사람의 현재 모습뿐만 아니라 과거 현재 미래의 모습을 연결 지어서 보셨던 것이고 그것은 4차원의 눈으로 보면 가능하다는 것이다.

여기서 우리는 차원이 하나 더 높으면 공간이 얼마나 크게 달라지는가 하는 것을 알았다.

1차원인 직선과 2차원인 평면의 차이에 비해 2차원인 평면과 3차원인 공간의 차이가 훨씬 더 크게 느껴진 것을 볼 때 3차원과 4차원의 차이는 가히 상상을 초월한다는 것을 알 수 있을 것이다. 2차원의 세계에서는 부피가 있는 물체를 볼 수 도 없고 상상할 수도 없다. 3차원의 세계에서 부피가 있는 물체를 보는 것은 각 단면의 모양을 연결 지어서 보고 있음을 알 수 있다. 등고선을 보고 산의 모양을 짐작하는 이치가 바로 그것이다. 하나님은 4차원의 세계에 계심으로 단면의 모양이 입체인 물체를 보시고 그 모양을 구별해 내신다.

우리의 현재의 모습은 4차원의 세계에서의 한 단면의 모양이다. 그러나 하나님께서는 현재의 우리의 모습 뿐만 아니라 과거의 모습과 현재 그리고 미래의 모습을 연결지어서 보실 수 있는 능력이 있으신 것이다. 하나님은 4차원에 계시기 때문에 3차원의 세계에 살고 있는 우리들이 이해하지 못하는 놀라운 능력이 있으신 것이다. 한 차원 씩 내려서 말하면 우리는 땅이요 하나님은 하늘이신 것이다. 우리가 땅만을 볼 수 있다고 할 때 하나님은 땅위의 모든 것을 보시는 분이신 것이다. 우리는 하나님을 생각할 때 우리가 땅위의 어떤 것도 볼 수 없는 그러므로 땅이 평평하다는 것 이외에 아무것도 알지 못하는 존재라고 생각하여야 할 것이다.

우리는 친구에게 '너와 나는 차원이 다르다'라는 농담을 하곤 하는데 이 말은 하나님께 용서받지 못할 말로써 해서는 안 될 말임을 알 수 있다. 그 말은 곧 나는 4차원 곧 나는 하나님이다'라는 말이 되니 신성 모독이 아닐 수가 없다. 나는 하나님에 대한 믿음이 확실하지 않았을 때 4차원의 세계에 하나님이 계실 수도 있을 것이라고 생각했다. 그렇지만 그것을 믿을 수 있는 근거를 알지 못했고 알려고도 하지 않았으며 근거가 있지도 않을 것이라고 생각했다. 그런데 놀랍게도 하나님께서는 나로 하여금 하나님의 존재에 대한 확증을 주셨고, 이로 인해 성경책을 믿게 되었으며 처음 만난 사마리아 여인의 과거를 바로 알아내신 예수님은 4차원의 눈을 가지신 분이라는 것을 알게 되었다. 4차원의 세계를 이해하는 것이 어렴풋이나마 하나님의 능력을 논리적으로 이해하는 데 있어서 도움이 될 수 있을 것으로 생각한다.

우리는 하나님을 믿고 거짓말 같은 성경 말씀이 사실이라고 믿고 있으나 눈에 보이지 않는 하나님에 대한 믿음을 갖고 산다는 것이 얼마나 어려운 것인가를 잘 알고 있다. 비록 하나님께서 우리로 하여금 믿게 하시는 기적을 보이신다 하여도 그 효력이 오래 가지 못하고 믿음이 약하여지는 것을 깨닫게 되고 더욱 더 강한 믿음을 달라고 자꾸 자꾸 기도드린다. 나는 이것이 3차원의 눈을 가지고 살아가는 우리의 한계성이라고 생각한다. 하나님께서 에굽의 종노릇 하고 있는 이스라엘 백성을 구출해 내실 때 10가지의 기적을 일으키심으로 하여 바로를 굴복시키셨다.

이스라엘 백성으로 하여금 하나님을 믿게 하기 위하여 바로의 마음을 강퍅하게 하시면서 기적이 기적이 아니라는 생각이 들 정도로 많은 이적을 행사하셨다. 그렇게 하지 않으면 바로가 이스라엘 민족을 내보내 준다 하여도 이스라엘 백성이 모세를 따라 나오지 않을 것이라는 것을 하나님께서는 너무 잘 아셨기 때문에 이스라엘 백성이 아무 것도 가진 것 없는 모세를 따라 나서기에 충분한 기적을 행사하신 것이다.

여기에 덧붙여 홍해가 갈라지는 기적까지를 보이셨으니 당시 이스라엘 백성 60만명은 세상에서 일어날 수 있는 모든 기적을 동시에 지켜보는 축복을 받은 민족이었음을 알 수 있다. 그러나 그러한 기적을 체험한 이스라엘 백성도 생활이 어렵고 힘들어지자 하나님에 대한 믿음을 져버리고 우상 숭배를 함으로 하여 하나님의 형벌을 받았다는 성경 말씀을 보고 알 수 있듯 하나님을 믿는다는 것은 사람의 의지로는 불가능하다는 것을 알 수 있을 것이다.

성 어거스틴은 신앙이 없는 이성은 아무것도 아니요 이성이 없는 신앙은 광신이나 맹신에 이르게 된다고 하였다. 이성적이라는 것은 논리적이라는 것이고 하나님의 무한하신 능력을 차원의 논리에 의해 이해해 보는 것도 하나님에 대한 믿음을 확고히 하는데 있어서 도움이 될 것으로 생각한다. 그러나 믿음은 곧 믿음이지 피조물인 사람의 논리로 하나님의 창조의 능력을 설명할 수 없다는 것은 당연한 이치이다. 우리가 하나님을 믿을 수 있는 논리적 근거는 하나님은 전지전능하신 분이다 하는 것으로 충분하여야 할 것이다. 또한 전지전능하시고 무소 부재하신 하나님께서는 4차원뿐이 아니고 5차원 6차원 등 차원을 초월하여 존재하시는 무한한 능력의 하나님이라는 것을 알아야 할 것이다.

4.
논리를 통해서 보는 참과 거짓

나는 대학에서 수학을 가르치고 있다.

수학은 계산과 논리의 학문이라고 할 수가 있다. 그런데 계산은 논리에 의해 수반된 것이므로 수학은 수와 자연적 대상에 바탕을 둔 논리에 의해 정립된 학문인 것이다. 수학에서 논리의 시작은 명제라는 문장의 규정에서부터 시작한다. 명제란 참과 거짓 중 어느 한쪽만을 만족하는 문장이다. 명제의 참거짓을 그 명제의 진리값이라고 한다.

명제 중에는 참과 거짓을 바로 알 수 있는 명제가 있고, 우리의 능력으로 전혀 알 수가 없는 명제도 있다. 지구 밖의 우주 어디엔가 생명체가 살고 있다 라든가 천국이 존재한다 라는 명제는 현재 인간의 능력으로 알 수가 없으므로 가설이라고 한다. 가설이 참인 것으로 밝혀지지 않았을 때 이것을 이론이라고 한다. 천지 만물이 하나님에 의해 창조되었다거나 자연적으로 생겨났다고 하는 것은 사람의 능력으로 밝힐 수 없는 것이므로 이론으로 남을 수밖에 없다. 그래서 창조론 또는 진화론이라고 하는 것이다.

명제에는 단순명제와 합성명제가 있다. 단순명제는 결합자라고 말하는 기호에 의해서 합성명제로 만들어진다. 합성명제의 참과 거짓의 판별은 논리적 타당성에 의해서 규정한다. 결합자 중에는 '이고' 라고 말하는 곱과 '또는' 이라고 말하는 합이 있다. 두 명제를 곱했을 때 이것의 진리값은 두 명제가 모두 참인 경우에만 참인 것으로 정의한다. 그리고 '또는' 이라고 하는 결합자에 의해 두 명제를 합했을 때 이것의 진리값은 두 명제 중 하나가 참이면 참인 것으로 규정한다.

합성명제 중에는 '이면' 이라는 결합자에 의해 만들어지는 명제인 조건문이 있다. 이 명제는 가정과 결론으로 되어 있고 가정이 참일 때 결론이 거짓일 때만 거짓인 것으로 정의한다. 즉 가정이 거짓이면 결론의 참 거짓에 관계없이 그 명제는 참인 명제라는 것이다. 예컨대 '해가 서쪽에서 뜬다면 나는 너에게서 태어났다.' 라든가 '해가 서쪽에서 뜬다면 한국의 수도는 서울이다'라는 말은 모두 참인 명제인 것이다. 그러니 가정이 거짓인 경우에는 무슨 말을 하여도 다 옳은 말이 된다는 것을 알 수가 있다.

인간은 동물 중에서도 특별히 사고의 동물이다. 사고의 능력을 지닌 인간은 배고픔만을 해결하며 살아가는 다른 동물과는 달리 이 세상을 무척 피곤하고 힘들게 살아간다. 인간은 우리가 어디서 와서 어디로 가는지에 대한 답을 찾기 위해 인간의 사고 능력을 총 동원한다.

이에 대한 대표적인 답안이 석가모니와 공자에 의한 것이다.

석가모니는 모든 동물에 혼이 있는 것으로서 우리도 죽어서 동물로 태어날 수도 있다고 말한다. 잘 알다시피 이것을 윤회설이라고 하며 우리가 득도함으로 하여 윤회의 바퀴에서 벗어날 수가 있고 윤회의 굴레에서 해방됨으로 인해 인간이 신이 된다고 하는데 이것을 해탈이라고 한다. 공자는 우리가 죽으면 바로 귀신이라고 일컫는 신이 된다고 말한다.

두 사람은 공히 우리 인간이 신이 될 수 있다고 주장한다. 한 사람은 우리의 노력에 따라서 신이 될 수도 있고 동물이 될 수도 있다고 하며, 다른 한 사람은 인간 모두가 죽으면 신이 된다고 한다. 터무니없는 주장이지만 사탄의 꼬임에 의해 선악과를 먹고 하나님처럼 되고자하는 인간이 만들어 낸 이론이라고 생각하면 별로 이상할 것은 없다. 두 사람은 모두 장수하였고 진리를 찾기 위해 일평생을 바친 사람들이다.

그런데 우리가 사랑하는 예수님은 어떤 분인가? 그 분들에게 명함도 내놓기 부끄러울 정도로 경력이 초라하기 그지없다. 예수께서는 목수의 아들로 태어나서 30세까지 목수일을 하시다가 진리를 터득하기 위해 여타한 득도의 과정도 없이 진리를 말하고 힘없이 십자가에서 돌아가셨다. 세상 사람들의 눈으로 보건대 존경할만한 일을 별로 한 것이 없다. 믿음을 주기 위한 경쟁을 대결이라고 했을 때 순간과 평생의 대결이다. 순간의 깨달음과 평생의 깨달음 중 어떤 것이 진리일 것인가의 문제이다. 평생 깨달은 이론이 진리일 가능성이 높은 것으로 받아들이는 것이 보통 사람들의 생각이다. 예수님을 성인 대열에 끼워 넣었을 때 다른 분들에 밀리는 이유가 여기에 있다.

그런데 재미있는 것은 예수를 믿지 않은 사람들은 자신들이 믿는 성인의 말만 진리라고 생각하지 않는다는 것이다. 조건 명제의 참 거짓 판정에 의하면 이것은 당연한 이치이다. 가정이 잘못된 명제는 항상 참인 명제이기 때문이다.

가정은 곧 천지만물이 창조에 의한 것이냐 아니면 진화론자들이 생각하는 것과 같이 자연 발생적인 것이냐 하는 것이다. 인간이 물에서 아메바로부터 진화하였다고 하는 진화론을 가정하면 인간은 어디로든 갈 수 있는 여지가 있는 것이다. 그러니 죽어서 귀신이 될 수도 있고 다른 동물로도 될 수 있다는 엉뚱한 생각을 할 수가 있는 것이다.

가정이 잘못되었음이 분명하다.

가정이 잘못되었으니 어떤 말을 하여도 다 맞는 말이 된다. 그래서 잘못된 주장을 하여도 받아들일 수가 있는 것이다. 이렇듯 비진리의 특성은 깔끔하지가 않다는 데 있다.

진리는 수수께끼에 비할 수가 있다. 수수께끼란 알기 전에는 도저히 알 수가 없을 것 같은데 알고 나면 아주 쉬운 문제이기 때문이다. 그것은 문제를 내는 사람은 답을 알고 있고 문제를

푸는 사람은 답을 알지 못할 뿐 그 문제를 논리로 풀 수 있는 성질의 것이 아니기 때문이다. 그런데 그 답을 듣는 즉시 아아 하고 고개를 끄덕이게 된다. 진리도 마찬가지이다. 그것을 알기 전에는 복잡할 것 같았지만 알고 나면 단순한 것임을 알게 되기 때문이다.

그것은 일상생활을 통해서도 예를 찾을 수가 있을 것이다. 예를 들어서 집안에서 손목시계가 보이지 않아서 시계를 찾는데 아무리 생각해도 있을 곳이 없는 경우이다. 영영 잃어버렸다고 생각했는데 우연히 소파 방석을 들어보니 거기에 시계가 있는 것이다. 시계가 시계 스스로 방석 밑에 숨었을 리가 없다. 생각해 보니 소파에 앉아 있다가 무심코 시계를 풀어서 옆에 놓았던 기억이 날 것이다. 그것이 진리인 것이다.

진리란 진리를 찾고 나면 아하 그렇구나 하고 무릎을 탁 쳐야 하는 것이다. 그런데 진리를 찾았다고 하면서도 명쾌하지가 않고 이것도 옳고 저것도 옳다는 생각이 든다는 것은 진리를 제대로 찾지 못했기 때문일 것이다. 진리를 찾기 위해서는 참인 가정이 필연적이다. 앞의 예에서 시계를 옆집에서 도둑질해 갔다고 가정하여 잃어버린 시계를 찾기 위해 이 집 저 집을 돌아다닌다면 잃은 시계를 찾을 수 없는 것과 마찬가지 이치이다.

세상 사람들은 천지 만물이 자연 발생적으로 생겨났다고 가정하고 우리가 죽으면 어디로 갈 것인가에 대한 답을 찾고자 한다. 그 가정이 잘못되어 있으니 기를 쓴다한들 옳은 답을 찾을 수가 없다. 예수를 믿기 전에 나는 천지 창조를 믿을 수가 없었다.

　나는 우리가 살아서는 그것을 믿을 수 없다고 단정하였다. 그래서 하나님을 믿는 사람들을 믿을 수 없는 것을 믿는 즉 자기 최면을 걸면서 믿는다고 말하는 자기 기만자라고 생각하였다. 그것이 잘못된 생각이라는 것을 하나님께서는 단번에 알게 하셨다. 천지를 창조한 내가 지금 네 곁에 있다는 것을 믿게 하신 것이다.

　진리는 문제를 낸 사람이 정답을 알려 주어야만이 그 답을 알 수 있는 수수께끼인 것이다. 잡다한 말도 여타의 추측도 동원할 필요가 없다. 하나님이 살아계신다는 것 그 자체가 진리이고 참인 가정인 것이다. 천지 만물이 하나님에 의해 창조되었다는 가정이 참인 명제이므로 이러한 참인 가정하에서 세상을 바라볼 때 비로소 옳고 그름을 판별할 수 있는 요건이 갖추어진 것이다. 천지만물이 자연 발생적이라고 생각하는 사람들은 거짓을 가정하고 있으므로 이것도 옳고 저것도 옳을 수가 있어서 석가모니를 믿는 사람들이 공자도 옳을 수 있고 예수도 옳을 수 있다고 생각할 수가 있는 것이다.

　그러나 예수를 믿게 되면 천지만물이 하나님에 의해 창조되었기 때문에 석가모니와 공자는 예수님에 의해 빚어진 피조물에 불과하다는 것을 알게 된다. 그래서 그들을 예수와 동등하게 보지 않는다. 그들의 머리 위에 예수님을 올려놓기 때문에 예수 이외의 다른 종교를 인정할 수가 없는 것이다. 그래서 그런 것이지 다른 종교를 믿는 사람들이 비난한 것처럼 남의 신앙을 존중해 주지 않는 배타성에 기인한 것이 아니다.

하나님을 믿는 우리는 가정을 분명히 할 필요가 있다. 즉 하나님께서는 전지전능하시고 무소부재 하시다는 것이다. 우리가 하나님을 믿는다고 하면서도 의심이 생기는 경우는 하나님의 능력을 우리의 능력으로 제한해서 보려고 하기 때문이다. 다시 말해서 천지 만물을 하나님께서 창조하셨다라는 것에서 우리의 생각을 멈추어야함에도 불구하고 '어떻게' 라는 생각을 하는 순간 불신이 시작되는 것이다.

왜냐하면 우리는 피조물에 불과하므로 피조물인 우리가 우리의 창조주의 능력을 가늠할 수는 없는 것이기 때문이다. 그것은 마치 인간이 만들어낸 로봇이 인간의 능력을 가늠하려고 하는 것과 마찬가지 이치이다. 눈에 보이는 것은 보이지 않는 것에 비하면 아무것도 아닌것 즉 하찮은 것이라는 것을 알아야 한다. 눈에 보이지 않는 천사와 영혼을 창조하신 분이 눈에 보이는 어떤 것인들 만들지 못할 것이 있겠는가 하는 것이다.

이와 같이 생각해 볼 때 우리가 그 능력이 대단하여 믿을 수 없는 천지와 만물의 창조는 전지전능하신 하나님의 능력에 비하면 그다지 대단한 것이 아닌 것으로 되는 것이다. 이처럼 우리가 하나님의 능력을 믿을 수 있는 것은 우리의 공로를 자랑할 수 없는 한나님의 은혜로 인한 성령의 역사 때문이다.

우리는 오직 하나님의 은혜로 값없이 진리를 알게 되었다. 진리는 창조론이 참인 명제라는 것이다. 창조론이 참인 가정이라고 하면 진화론은 거짓인 명제가 된다. 참인 가정에서는 결론이 거짓이면 거짓인 것이다. 그래서 무엇이 옳고 무엇이 그른 것인가에 대한 주장을 하면서 살아가는 것이 지극히 타당한 삶의 방식이다.

진화론을 가정하면 가정이 거짓된 것이므로 결론의 참 거짓에 관계없이 그 명제는 항상 참이 되는 것이다. 그래서 내 말이 맞지만 네 말도 맞을 수 있다고 하면서 살아갈 수가 있는 것이다.

예수를 믿는 사람들이 화합의 중요성을 내세우며 석가를 통해서도 구원 받을 수 있다고 하는 것은 옳은 가정을 설정했다고 할 수가 없다. 예수는 구호일 뿐 마음으로는 믿지 않는 사람들인 것이다.

그런데 무서운 갈림길이 있다. 참인 가정인 예수를 믿고 참인 결론을 이끌어내며 세상을 살아가는 사람들에게는 영원한 천국이 약속되어 있고 그렇지 않은 사람들에게는 영원한 지옥이 기다리고 있다는 것이다. 예수를 믿지 않은 사람들도 천국은 막연하게나마 믿고 있음을 알 수가 있다. 그러나 예수를 믿는다는 것은 믿고 싶지 않은 지옥이 믿어지는 것이다.

지옥이란 생각이 불신의 세상에 머물러 있는 사람들이 영원히 갇혀 사는 곳이다. 예수를 믿으면서도 지옥이 없다고 말하는 사람들이 있는데, 이 사람들에게 묻고 싶은 것은 천국만 있다고 하면 창조주 하나님이 죄인으로 오시어 피조물의 온갖 멸시와 천대를 받으시며 치욕의 십자가에서 처참히 피흘려 돌아가실 이유가 무엇이겠는가 하는 것이다.

더더욱 천국과 지옥의 근거는 성경이 말하고 있는 바이다. 우리가 우리의 사랑하는 사람들에게 열과 성을 다해 복음을 전해야 하는 이유가 바로 여기에 있는 것이다. 복음은 곧 하나님께서 우리를 창조하셨으나 그것을 알지 못한 우리는 우리가 하나님이 되어 살아가고 있는 죄인이라는 것과 하나님께서는 그러한 죄인의 죄를 독생자 예수님의 보혈의 피로 덮어주시고 우리를 자녀 삼으시어 영원한 천국으로 인도하신다는 그것이다. 이 기쁜 소식을 굳건히 믿고 전하며 살아가는 것이 우리의 삶의 목적이자 삶의 방식인 것이다.

이것을 알게 하신 하나님께 감사드립니다. 할렐루야 아멘.

성령으로 거듭남

1.
용서의 주체

몇 년 전 개봉작 주인공이 칸 영화제 여우주연상을 수상한 영화라고 하여 아내와 함께 '밀양'이라는 영화를 감상하였다. 이 영화에서 주인공인 전도현은 어린 아들과 함께 서울을 떠나 사별한 남편의 고향인 밀양에 내려와 피아노 학원을 운영하면서 살아간다. 남편을 잃은 슬픔에서 벗어나 삶의 안정을 찾아 가는가 싶었는데 주인공은 청천벽력과 같은 불운을 접하게 된다. 유괴된 아들을 구하기 위해 범인이 요구한 돈을 주었음에도 불구하고 아들은 죽은 채로 발견되었기 때문이다. 더구나 아들을 유괴한 범인이 아들의 웅변학원 원장으로 드러났기에 범인에 대한 배신감과 증오심은 형용할 수 없게 된다.

실의에 빠져 헤어나지 못하고 있던 중 밀양에 처음 내려 왔을 때부터 줄곧 전도해 왔던 약사의 전도로 주인공은 한 개척교회 부흥회에 참석하게 되고 이 부흥회에서 절규하며 울부짖는다.

부흥회 강사인 목사의 안수 기도로 평안함을 얻은 주인공은 곧바로 하나님을 영접하고 서서히 생활의 안정을 되찾아 가게 된다. 구역 예배에서 간증도 하고 길거리 찬양을 하는 등 누가 보아도 믿음이 좋은 사람으로 보였다.

그러다가 주기도문에 들어 있는 용서하라는 말을 실천하기 위해 목사님과 함께 아들을 죽인 범인을 만나려고 형무소로 가게 된다. 가해자의 회개와 감사를 기대하면서 그에게 용서한다는 말과 함께 하나님을 믿으라는 말을 했을 때 살인자의 반응은 주인공을 낙담하게 한다. 가해자도 이미 하나님을 영접하고 하나님께 용서를 받았다고 하면서 당신의 용서를 받을 필요가 없다는 태도를 보인 것이다. 그 후 주인공은 하나님을 증오하게 되고 구역 예배나 철야기도회 그리고 전도 집회 등에 훼방을 놓으며 미친 사람처럼 행동하게 된다.

이 영화에서 작가는 하나님의 말씀에 따라 행동함으로 파멸에 이르게 된 한 사람을 통해 용서하라는 하나님의 말씀을 실천하는 데 따른 부작용이 얼마나 심각한지를 보여주고 있다. 성경 말씀을 문자적 즉 율법적으로 받아들이면 작가의 지적은 예리하며 정확하다는 것을 알 수가 있다. 성경 말씀은 온통 사람이 행할 수 없는 말들을 모아서 행하라 하고 있다. 미워할 수밖에 없는 원수를 사랑하라고 하는가하면, 오른 뺨을 치거든 왼뺨도 치도록 들이 대라고 하고, 여자를 보고 음욕을 품는 자도 간음한 자라고 가르친다. 지킬 수 없는 법을 지키려고 하면 지키지도 못하고 결국 그 법에 의해 심판을 받게 된다. 그러므로 이 법은 지키려고 한다고 해서 지켜낼 수 있는 법이 아님을 알 수가 있다. 이 법은 예수님만이 지키실 수가 있는 것으로서 십자가에서 이미 완성하신 사랑의 법인 것이다.

성경 말씀은 하나님께서 하나님의 자녀에게 주신 말씀이라는 것을 알아야 한다. 그러므로 세상 사람들이 성경 말씀을 가지고 그 말씀이 마치 자신들에게 주신 말씀인 것으로 생각하여 왈가왈부 하는 것 자체가 잘 못된 것이다.

하나님의 말씀인 성경은 하나님께서 하나님의 자녀에게 하신 말씀이므로 하나님의 사랑과 성품 그리고 하나님의 작정하심을 잘 알고 있는 하나님의 자녀들만이 알아듣고 행할 수가 있는 것이다. 우리가 용서하라고 말하기는 쉽지만 남을 용서한다는 것이 얼마나 어려운 것인지를 알게 된다면 남에게 용서를 강요할 수는 없을 것이다.

세상 사람들의 관계는 서로의 것을 주고받으면서 형성되어짐을 알 수가 있다. 주고받는 일이 원활하게 잘 이루어진다면 그 관계가 계속되어지지만 일방적으로 주거나 받기만 한다면 그 관계가 지속되기 어렵게 된다. 애경사에 부의를 하였는데도 불구하고 나의 애경사에는 부의를 하지 않는 사람이 오래도록 기억에 남는가 하면, 친구들이나 직장 동료들과 함께 음식점에 갔을 때 계산대 앞에서 한 발짝 뒤에 서곤 하는 자가 얄밉게 느껴지는 것도 인지상정일 것이다.

이렇듯 우리는 아주 작은 손해도 감수하지 않으려는 마음의 준비가 항상 되어 있는 자임을 알 수가 있다. 사람들은 이해 타산적이라 하면서 애써 부인하려고 하지만 가장 좋은 관계는 주고받음이 평형을 유지하는 관계이어야 한다. 사람들은 대부분 내가 남에게 어떤 것을 베풀었을 때 어떤 식으로든 되돌아올 것을 내심 기대하게 되어있다. 준 것 만큼 돌아오는 것이 기대치에 미치지 못했을 때 그 사람과는 거리감을 느끼기 시작하게 되는 것이다. 세상의 크고 작은 주고받음 속에서 그것의 균형이 깨졌을 때 그 자리를 미움이 차지하게 되는 것이 세상의 이치일진대 애지중지 기르던 자식을 죽인 원수를 용서한다는 것은 불가능한 일이 아닐 수 없다.

이같이 불가능한 일을 예수님께서 원수도 사랑하라고 했다는 성경 말씀을 들이대면서 용서하라고 가르치는 목사가 있다면 그 목사는 성경 말씀을 제대로 이해하고 있는 목사라 할 수가 없다.

로마서 3장 20절에 "그러므로 율법의 행위로는 그의 앞에 의롭다 하심을 얻을 육체가 없나니 율법으로는 죄를 깨달음이니라"라는 성경 말씀을 올바로 이해하지 못하고 행위를 강조하는 사람은 그 사람이 목사이든 장로이든 평신도이든 살인을 하는 행위라는 것을 명심해야 할 것이다. 복음을 전하는 사람은 하나님이 어떤 분이고 예수님이 어떤 분이라는 것을 전하는 일만을 감당해야 하는 것이지 행위를 강요해서는 안 된다. 행위는 오직 성령의 감동에 의해 성령께서 하도록 하시는 것이기 때문이다. 그러므로 믿음의 행위는 성령의 몫이라는 것을 분명히 할 필요가 있다.

영화로 돌아가서 주인공이 시도한 용서의 배경이 너무도 취약하고 위험하다는 것을 알 수가 있다. 주인공은 하나님의 임재를 체험했을 뿐 하나님이 어떤 분이시고 예수님이 누구시라는 것을 전혀 알지 못하면서 예수님만이 행할 수 있는 불가능한 행위를 무모하게 시행하려고 했던 것이다. 성경 말씀을 한 마디로 요약하면 사랑 또는 예수라 할 수 있다. 그런데 구약은 예수님의 피를 상징하는 짐승의 피에 대한 이야기이고, 신약은 예수님의 실재 피로 마무리되는 예수님의 십자가의 죽음에서 끝나는 것으로 비추어 볼 때 성경은 피 이야기임을 알 수가 있다.

성경은 죄와 용서의 이야기이고 죄는 오직 예수님의 피로서만이 지울 수 있음을 말하고 있다. 하나님께서는 예수님의 피로 모든 죄를 사셨기 때문에 죄는 모두 하나님의 소유가 된 것이다. 하나님을 믿는 성도는 이 원리를 알기 때문에 우리에게 죄 지은 사람의 죄를 그 사람에게 물을 수가 없는 것이다. 그러니 용서의 주체는 하나님 곧 예수님임을 알 수가 있다. 용서의 주체가 우리가 아닌 것이다.

우리가 남을 용서한다는 것은 우리에게 용서할 권한이 있지 않음을 깨달아 알고 그 권한을 예수님께 드렸을 때 비로소 가능

한 것이다. 그것을 알지 못하고 섣불리 용서하려고 한다면 상대
방이 자신에게 지은 죄가 자기의 것이 되어서 끝까지 자신을 괴
롭힐 것이기 때문이다.

용서의 주체가 내가 된다면 주고받으며 균형을 유지하게 되
어있는 세상의 원리에 어긋나기 때문에 영화에서의 주인공과 같
이 스스로 극복할 수 없는 고통가운데 던져지게 된 것이다. 무엇
보다도 중요한 것은 용서의 주체가 내가 되었을 때 그 용서는 하
나님과 아무런 관계가 없는 용서가 된다는 것이다.

그래서 예수님께서는 원수를 사랑하라고 하셨다. 원수를 사
랑하지 않은 사람은 상대의 죄가 나에게 남아 있는 것과 마찬가
지로 나의 죄가 하나님께 그대로 남아 있게 되는 것이기 때문이
다. 예수님의 피로 죄 사함을 받고 하나님의 자녀가 된 우리에게
있어서 우리의 죄는 하나님의 것이 되고 대신에 예수님의 피를
수혈 받게 된 것이다. 아담의 피가 예수의 피로 바뀌게 된다는 뜻
이다. 하나님께서는 우리의 죄를 모두 모아서 사탄과 더불어 불
못에 던져 버리실 것이다.

용서를 다른 시각으로 해석해 볼 필요가 있음을 알게 된다.
우리가 예수를 믿는다는 것은 예수께서 십자가에 돌아가심으로
하여 우리의 죄를 다 속량하셨다는 것을 믿는 것이다. 또한 예수
께서는 우리의 머리이고 우리는 예수님의 지체로서 우리가 예수
와 한 몸 되어 천국에서 영원히 산다는 것을 믿는 것이다. 우리의

육신이 예수와 한 몸 되는 것이 아니고 우리의 영혼이 유기적이고 신비한 연합으로 예수와 한 몸이 된다는 것이다. 육신은 유한하고 영혼은 무한한 것이다. 유한 그것도 기껏해야 백년 그것은 무한에 비하면 보이지도 않은 점에 불과하다. 육신의 죽음이 무한 앞에서는 아무것도 아니라는 것이다.

믿음은 우리가 육신은 죽어도 영혼은 죽지 않고 영원히 산다는 것이고 우리는 우리에게 주어진 믿음의 분량에 따라서 구원의 확신을 갖게 되는 것이다. 우리가 남을 미워한다는 것은 그 사람과는 영원히 함께 하고 싶지 않다는 것이고 나의 구원의 확신만큼 그 사람이 지옥에 가기를 바라는 것이나 마찬가지가 될 것이다.

이와 같이 생각해 보면 나의 믿음이 강해질수록 나에게 지은 상대의 죄악이 용서하지 못할 정도로 대단한 것이 아니라는 것을 알게 될 것이고 자신도 모르게 용서하고 있는 자신을 발견하게 될 것이다. 그러므로 용서의 문제는 믿음의 문제로 귀착된다는 것을 알게 될 것이다. 그런데 믿음을 가지신 분은 예수님이고 예수께서 믿음을 주셔야 우리가 믿음을 갖게 된 것이다.

그렇다면 우리는 용서하려고 하기 전에 믿음을 구해야 할 것이다.

'아버지 하나님! 저의 이 믿음의 상태로는 도저히 용서할 수가 없습니다. 그렇지만 용서해야 합니다. 왜냐하면 제가 그 사람을 용서하지 못하면 그 사람과 나는 한 몸이 될 수가 없습니다.

주께서 하나님 아버지와 함께 하시고 아버지께서 주와 함께 하신 것처럼 부활의 영이요, 사랑의 영이신 성령으로 저와 함께 하여 주시옵소서. 저는 주님과 함께 천국에서 영원히 살고 싶습니다. 제가 용서하지 않고 천국에 가기를 원하는 만큼 본의 아니게 저는 그 사람이 지옥에 가는 것을 바라게 되는 것이고 이것은 그 사람이 제게 지은 죄보다도 수만 배 아니 말로 표현할 수 없이 더 무거운 형벌을 그 사람이 받기를 바라게 되는 것이기 때문입니다. 이 같은 죄인이 천국에 들어간다는 것은 논리적으로도 합당하지가 않습니다. 아버지 하나님! 저에게 믿음을 주시옵소서. 저에게 믿음을 주심으로 하여 구원의 확신을 갖도록 하시고 저에게 잘못한 사람이 한 사람도 남아있지 않게 하여 주시옵소서.'

이와 같이 기도해야 할 것이다.

그러한 기도의 마음이 간절하다면 그 마음은 이미 용서한 상태가 된 것이고 기도의 응답을 이미 받은 것이 될 것이다. 분명한 것은 용서는 우리가 하는 것이 아니라는 것이다. 우리는 우리가 남을 용서하기 전에 우리가 먼저 용서 받아야 하는 중죄인이라는 것을 자각해야 한다.

천지 만물을 창조하시고 우리를 구원하시기 위해 죽기까지 사랑하신 하나님 아버지를 외면하고 살아가고 있는 죄, 그 죄를 용서 받지 않고서는 남을 용서할 수가 없는 것이다. 우리가 그 죄를 용서 받았을 때 우리가 용서할 자는 우리에게 남아있지 않게 된다. 왜냐하면 우리가 주님께 용서 받음과 용서하는 것이 우리의 몫이 아니라는 것은 하나이기 때문이다.

　다시 말해서 용서받았다는 말과 용서의 주체가 자신이 아니고 예수님이라는 것을 아는 것은 같은 말이라는 것이다. 그렇지만 용서 받은 것이 먼저이기 때문에 우리는 용서하려는 자가 되기에 앞서서 용서 받은 자가 되어야 할 것이다. 명심해야할 것은 순서가 뒤바뀌게 되면 영화 밀양에서의 주인공과 같이 파멸에 이르게 된다는 것이다.

2.
나의 정체성

우리는 태어나면서부터 나의 것이라 할 수 있는 특징들을 하나님으로 부터 선물로 받아 가지고 태어난다. 나의 용모, 나의 배경, 나의 능력, 나의 성품 등 나의 의지와는 관계없이 사람마다 나의 것을 가지고 태어나는 것이다. 내가 가진 것은 나를 규정하는 것이고, 세상이 정해놓은 가치 기준에 의해 내가 가진 것이 나의 자랑거리가 될 수도 있고 내가 갖지 못한 것이 부끄러운 것일 수도 있다. 용모가 바른 나의 모습은 자랑거리인 반면 못생긴 나의 모습은 수치스러움이 되는 것과 같은 것이다. 우리는 내가 가진 것이 무엇인가를 깨닫는 순간부터 보다 더 많은 나의 것을 갖기 위해 끊임없는 경쟁을 하여야 한다. 학벌을 높여서 좋은 직업을 구하고, 직장에서도 그 직장의 수장이 되기 위해 부단히 노력하여야 한다.

우리는 가능하면 조직의 장이 되기를 원한다.

군수, 시장, 국회의원, 대통령이 선망의 대상임은 물론이고, 하다못해 친목회 회장이라도 장이 되고 싶어 한다.

어떤 사람들은 정의로운 자로 인정받기를 원하는가 하면 또 다른 사람들은 가난하거나 어려운 처지에 있는 사람들을 도움으로 하여 자비롭고 인정 많은 사람으로 존경 받고 싶어 하기도 한다. 우리들은 대부분 세상 사람들이 갖고 싶어 하는 많은 것들을 우리의 구미에 맞게 우리의 것으로 확보하기 위해 최선을 다하고 그것으로 인해 다른 사람들로부터 칭송을 받거나 부러움을 사기 위해 살아가고 있음을 알 수가 있다.

나의 것이 아닌 남의 것이 내 것이 되는 경우가 있는데 그것은 결혼이다. 결혼을 함과 동시에 배우자의 모든 것이 나의 것이 되기 때문이다. 그래서 가능하면 많은 것을 소유한 사람과 결혼하고 싶어 한다. 수려한 용모, 높은 학력, 경쟁력 있는 직장, 착하고 온유한 심성 그리고 탄탄한 재력 등 가능하면 좋은 것을 많이 소유한 사람과 결혼하기를 원하는 것이다. 나의 것의 확장은 자녀에게로 이어진다. 자녀는 우리의 분신이므로 자녀의 것은 나의 것이 되는 것이다. 그래서 자녀로 하여금 내가 갖고자 하는 많은 것들을 최대한 소유할 수 있도록 자녀들을 교육하고 이끌어간다. 자녀의 것이 많으면 그 많은 것으로 인해 자녀를 더욱 사랑하고 자녀의 것이 적으면 그 적음으로 인해 자녀를 덜 사랑하게 되는 것이다. 내가 사랑하는 것은 나의 것을 늘리기 위한 자녀의 것이고 그것이 곧 자녀이기 때문이다.

나의 이름은 내가 가진 모든 것을 내포하고 있다.

사람들은 내 이름을 떠올릴 때 내가 가진 것을 떠올리게 된다. 나의 외모, 나의 성품, 나의 학력, 나의 직업, 나의 부모, 나의 자녀, 나의 재산 등을 내 이름이 품고 있기 때문이다. 세상 사람들뿐만 아니라 나도 나를 내가 가진 것으로 규정한다.

나는 나의 것이며 나의 것은 곧 나인 것이다. 나의 것이 많으면 나에 대해 자부심을 갖지만 그렇지 못하면 열등감을 갖는다. 세상에서 가장 확실한 질서는 나의 것이 적은 자는 많은 자에게 고개를 숙인다는 것이다. 이것은 극히 자연적인 것이어서 이 질서를 지키라는 자는 없어도 질서는 잘 유지되어 왔고 유지되어 가고 있는 것이다. 시기하는 자는 다르다고 생각할 수도 있겠으나 시기는 갖고 싶은 마음의 표현 중 한 가지에 불과함으로 그도 역시 고개를 숙인 것이나 진배없다.

이 세상은 왕들의 세상임을 알 수가 있다. 강한 왕이 되기 위해 최대한 영역을 확장하면서 자신보다 힘이 센 왕에게는 머리를 조아리는 왕들이 곧 우리이다. 이러한 우리를 죄인이라고 한다. 그래서 우리는 모두가 죄인인 것이다. 죄란 나의 것을 위해 사는 속성 즉 나를 왕 만들고자 하는 성향을 말하는 것이다.

선악과를 따먹고 하나님처럼 된 아담의 후손인 우리는 스스로 하나님이 되어 하나님처럼 살아가고 있는 것이다. 하나님께서는 뱀인 사탄에게 흙을 먹고 살라고 하셨다. 영적으로 흙을 먹는다는 것은 흙을 좋아하는 성향을 말한다. 우리의 육체는 흙으로 지어졌고 인간이 추구하는 가치들은 모두 육체의 영광을 위한 것임을 알 수가 있다. 육체의 영광이란 흙으로 요리된 것이라 할 수 있고 이것은 곧 사탄의 먹이임을 알 수가 있다. 그러므로 우리는 사탄의 먹이를 생산하며 살아가고 있는 것이다. 사탄이 좋아하는 사탄의 먹이를 추구한다는 것은 사탄과 한 몸이 되어 있음을 의미하는 것이다. 그러므로 하나님이 떠난 사람들은 모두가 사탄인 것이다.

우리는 두 개의 그릇으로 지어져 있다. 하나는 육적 자아라고 말하는 육체이고 다른 하나는 영적 자아라고 일컫는 영혼이다. 우리가 육체의 가치를 추구하면 육체가 되는 것이고 영혼을 추구하면 영혼이 되는 것이다. 육체는 영혼을 담는 그릇에 불과하므로 영혼이 떠나면 육체는 무의미하게 되어 원래의 자리인 흙으로 돌아가게 된다. 육체를 추구하는 자는 영혼이라는 그릇에 사탄을 담는 것이고 사탄과 함께 멸망 하고 만다. 영혼을 추구하는 자는 그 그릇에 예수를 담는 것이고 예수와 함께 영원히 살게 되는 것이다.

창세전에 하나님께서는 예수를 담을 그릇들을 하늘의 별과 같이 바다의 모래와 같이 예비해 놓으셨다. 그런데 예수를 담아야 할 그릇에 사탄은 자신의 더러운 먹이를 담아 저장해 가고 있는 것이다. 그 더러운 그릇을 하나님의 그릇으로 사용하기 위해서는 반드시 하나님의 독생자의 피로 씻어 내어야 했던 것이다. 그래서 예수님께서는 육신의 옷을 입으셔야했다. 예수님의 피가 필요했기 때문이다. 예수님께서는 예정된 대로 하나님의 뜻에 순종하여 십자가에 못 박히시고 한 방울도 남김없이 거룩한 피를 하나님께 바치셨다.

하나님께서는 성령을 보내시어 하나님의 거룩한 그릇들을 남김없이 찾아내어 예수님의 피로 씻어내도록 하셨다. 성령님께서는 우선 그릇들에게 그들이 하나님의 그릇임부터 알게 하신다. 그릇들은 깜짝 놀라게 된다. 자신들이 스스로 존재한 것으로 생각하였는데 그것이 아니고 하나님께서 만들어 놓은 피조물이라는 것을 알게 되었기 때문이다. 그런데 그들은 자신들에게 깊이 뿌리박힌 왕 되고자 하는 성향들이 더럽고 추한 마귀의 먹이라는 것을 쉽게 알아채지 못한다. 성령님께서는 이들을 으르고 달래시는 등 끊임없는 설득으로 그들에게 담긴 더러운 것들을 비워내는 데 동의하도록 하신다. 그런데 그들은 비워내기는 커녕 더 채워 넣으려고 하는 성향까지 보이기도 한다.

성령님께서는 이같이 한심한 그릇들을 끝내 굴복시키시어 그릇에 담긴 것들을 모두 비우시고 담겨야 할 것으로 채우신다. 하나님께서 정하신 대로 그 그릇에는 작은 예수를 만들어 넣어야 하는 것이다. 성령님께서는 그 그릇에 성령의 물을 붓고 예수라는 형상의 씨앗을 심는 것이다. 심겨진 예수는 예수님의 몸과 피를 영양분으로 하여 자라나게 된다. 예수님의 몸이라는 것은 성육신한 예수님이 행하셨던 행위를 의미하는 것이다. 그 행위는 사탄의 것과 정 반대인 것이다.

우선 예수님은 어린양으로 행하신 것이다. 즉 하나님 앞에 어린양이라는 것으로서 예수님께서는 하나님께 온전히 순종하셨음을 의미한다. 그리고 왕이신 예수님은 이 세상에서 왕으로 사신 것이 아니라 제자들의 발을 씻기신 것과 같이 낮은 자의 삶을 사셨다. 또한 예수님의 몸은 말씀으로서 말씀은 곧 성경을 의미한다. 섬김과 순종과 말씀을 먹고 자란 예수는 건강하게 자라서 예수라는 아름다운 꽃을 피우게 된다. 성령님께서는 예수라는 꽃이 담긴 그릇을 예수님의 피로 세탁한 하얀 보자기에 담아서 하나님께 드리고 하나님께서는 그것으로 인해 홀로 영광 받으신다. 흰 보자기에 싸인 예수를 담은 화분. 그것은 겉 그릇에서 빠져 나와 의의 흰옷을 입은 우리의 모습인 것이다.

나는 나를 주장할 수 없는 그릇이 되고 나는 나를 담고 있는 고귀한 그릇으로서 예수와 함께 영원히 예수님의 그릇으로 천국에 거하게 되는 것이다. 나는 보자기에 싸여 감춰지게 되고 내 안에 있는 예수만 보이게 되는 것이다. 세상에서의 나의 이름을 보이고자 하면 천국에서 살 수 없을 뿐만 아니라 천국에서는 그러한 자를 받아들이지도 않는 다는 것을 알 수가 있다. 내가 나에게서 나의 이름을 지워감과 더불어 내 안에 예수가 살아 역사하게 되는 것이다.
예수를 담는 그릇이란 예수의 몸이 된 것이고 그래서 나는 예수의 몸이 되는 것이다. 예수의 몸이 된 나는 그들의 것을 사랑하지 않고 그들을 사랑하게 된다. 왜냐하면 내가 주님의 몸인 것과 같이 그들도 주님의 몸인 것이고 우리는 주님 안에서 한 몸이 된 자들이기 때문이다. 내 아내 내 남편 내 아들 내 딸의 개념은 없어지고 주님의 것으로 남게 되는 것이다. 그래서 그들을 내 몸처럼 사랑해야 하는 이유가 생긴 것이다.

　　예수이신 하나님은 나에게 담긴 나의 영원한 생명이어서 하나님을 사랑하는 것은 곧 내 목숨을 사랑하는 것이 된 것이다. 그래서 예수님께서는 하나님을 네 목숨처럼 사랑하라고 하신 것이다. 이러한 내가 되는 것이 내가 소망하는 나인 것이다. 지혜로우신 하나님께서는 신비로움을 겹겹이 쌓아 놓으셨다. 하나님께서 눈을 열어주지 않으시면 그러한 신비로움을 알아낼 수가 없다.

　　사람들은 알지 못한다. 자신들이 포개어진 두 개의 그릇으로 지어져 있다는 것을. 썩어 없어질 육신만이 자신인 것으로 잘 못 알고 육신 즉 겉 그릇의 영광만을 위해 평생을 살다가 죽어간다. 영원히 없어지지 않을 속 그릇이 겉 그릇 속에 감춰져 있다는 사실조차 알지 못하고 죽어가는 사람들이 대부분이다.

　　육신의 죽음과 함께 자신은 죽어 없어질 것으로 생각할 뿐 육신이 죽은 것이 죽은 것이 아니고 그 육신 안에 영혼이 담겨 있어서 그 영혼은 죽고 싶어도 죽을 수 없는 고통 가운데서 살아 가게 된다는 것을 알지 못한다. 아니 하나님의 그릇이 아니라면 차라리 모르는 것이 오히려 약일 수도 있다. 그래서 하나님께서 는 하나님의 그릇이 아닌 자에게는 그러한 사실을 비밀로 하고 계신지도 모른다.

그릇은 토기장이에 의해 만들어진다. 그릇은 사람이고 토기 장이는 하나님이시다. 토기장이인 하나님은 두 종류의 그릇을 만 드셨다. 즉 귀히 쓸 그릇과 천히 쓸 그릇인 것이다. 귀히 쓸 그릇 은 예수를 담는 그릇이고 천히 쓸 그릇은 사탄을 담을 그릇인 것 이다. 그릇은 그릇의 용도에 맞게 사용되어진다. 밥그릇에는 밥 을 담게 되고 국그릇에는 국을 담는 것이다. 그릇에 다른 이름이 없듯 사람에게도 다른 이름이 없는 것이다. 사람의 이름은 곧 사 람인 것이다. 하나님의 모양을 따라 하나님의 형상대로 하나님께 서 만들어 놓으신 사람!

나의 정체성은 바로 내가 단지 사람에 불과할 뿐 나의 이름 은 없다는 것이다. 하나님 앞에 나의 이름은 단지 사람일 뿐이다. 내가 사람이 되기 위해서는 나의 이름을 없애야 한다.

세상의 왕들의 이름중 하나인 나의 이름. 그 이름을 나는 버 리고 나는 사람 다시 말해 여자가 되어야 한다. 여자가 되어야 예 수를 신랑으로 맞이할 수가 있고 신랑의 아버지인 하나님이 나 의 아버지가 되어 천국에서 영원히 살 수 있게 되기 때문이다. 나 는 여자이기를 갈망하고 있는 것이다. 흠도 없고 티도 없는 예수 님의 신부인 여자! 나는 그러한 여자가 되기를 간절히 바라는 것 이다.

'사랑의 하나님, 우리 아버지시여! 저희를 그러한 여자로 만 들어 주시옵소서. 할렐루야 아멘.'

3.
기름과 성령

대부분의 사람들이 그렇겠지만 나는 참기름을 무척 좋아한다. 무엇보다도 참기름과 함께 어우러진 애기 상추 겉절이의 감칠맛은 생각만 하여도 군침이 돋는다. 잔칫날이면 의례히 준비하는 요리가 갖가지 종류의 부침개라 할 수 있다. 부침개를 하는데 있어서 필수적인 재료가 참기름인데, 뜨거운 불에 달구어져 퍼져 나오는 참기름의 고소한 냄새는 초가삼간도 풍성하고 정감 있게 만드는 마력을 지니고 있음을 알 수 가 있다.

참기름에 대한 기억을 더듬어 보면 조카들이 태어났을 때, 어머니께서 성주 상에 떡시루 올려놓고 시루 한가운데 참기름 종지에 창호지 심지를 넣어 불을 붙여 놓으셨던 것, 그리고 창호지문 돌쩌귀에 삐걱거리는 소리 났을 때, 참기름 한 방울로 가볍게 소리를 잠재웠던 것 등이 생각난다. 이렇듯 기름은 불을 타게 하고, 녹슬어 찍찍하여 잘 돌아가지 않은 것을 잘 돌아가게 하는 역할을 한다. 기름의 또 다른 특성은 물과 섞이지 않고 응집력이 크다는 것이다.

하나님께서는 사울을 왕으로 세우실 때 그리고 사울을 버리고 다윗을 왕으로 세우고자 하실 때에 사무엘을 통해 기름을 부어 주셨다. 사무엘서에서 이러한 장면을 읽다보면 왜 하나님께서는 왕으로 택하실 때 택한 자들에게 그 끈적끈적한 기름을 부으시도록 하였는지 궁금한 생각이 든다. 그런데 생각해 보면 기름은 성령의 상징적인 의미로서 기름에는 성령의 여러 가지 특성이 들어 있음을 발견할 수가 있게 된다.

다시 말해 성령의 능력을 계시해 주기에 가장 합당한 물질이 기름이라는 것을 알게 되었을 때, 택한 자들에게 기름을 부어 주시는 하나님의 지혜로우심에 감탄하지 않을 수가 없게 된 것이다.

잘 아는 바와 같이 참기름은 참깨를 가지고 제조한 것이다. 참깨는 참깨 자체만으로도 요리하는데 있어서 다양하게 사용되어지지만, 참기름으로 변신하였을 때 전술한 바와 같이 귀한 재료로 사용되어짐을 알 수가 있다. 참깨가 참기름이 되기 위해서는 수없이 많은 고통과 인내를 필요로 한다. 일단 뜨거운 불에 검도록 볶임을 당하여야 하고 자루에 넣어져서 강한 압력으로 눌림을 당하여야 한다. 그렇기 때문에 참깨 값도 비싸지만 참기름 값은 농산물 중의 금값이라 할 수 있을 것이다.

예수님께서는 요한복음 16장 7절에서 예수님께서 떠나 가셔야 만이 보혜사가 오신다고 말씀하셨다. 골고다 언덕에 십자가를 지시고 오르시면서 그리고 십자가에 못 박혀 돌아가시기까지 예수님께서는 참깨가 참기름으로 변화되기 위해 수반되는 것과 같이 감당하기 힘든 고통을 겪으셨다. 이러한 고통의 결과로 인해 예수님께서는 성령으로 우리 가운데 임하시게 된 것이다.

참깨가 참기름으로 변화되었을 때 많은 기능을 할 수 있는 것과 같이 성령은 제자들을 완전히 변화시키어 새사람이 되도록 하셨다. 기름이 물과 섞이지 않는 것과 같이 성령은 세상 사람과 섞이지 않고 구별되게 하신다. 성령은 세상 사람들과는 다른 방식으로 살아가도록 하신다.

성령은 남이 장에 가니까 두엄지고 장에 가는 사람들의 삶의 방식에서 벗어나서 독특한 목표와 사명감을 가지고 살아가게 한다. 성령은 또 빛을 발하게 한다. 심지에 기름이 공급됨으로 하여 심지는 타지 않고 계속하여 불꽃을 내는 것과 같이 성령의 사람은 세상을 향하여 발하는 작은 불꽃이 되어 끊임없이 타오르게 된다.

같은 창호지라 할지라도 제사 지낼 때 지방으로 사용된 창호지는 순간 불살라져 없어지지만, 시루떡 가운데 종지에 자리 잡은 창호지는 불에 타 없어지지 않은 것 같이 성령의 사람은 영원히 없어지지 않는다. 왜냐하면 하나님께서 자신의 영을 끊임없이 공급해 주시기 때문이다.

기름이 녹슨 돌쩌귀의 녹을 제거하고 부드럽게 잘 돌아가게 하는 것과 같이 성령은 사람과의 관계를 원활하게 하는 역할을 한다. 다툼이 있는 곳에 화해가 있게 하고 갈등이 있는 곳에 사랑이 싹트도록 하며, 파당을 지어 서로 대립되는 곳의 한 편에 서기를 싫어하게한다. 성령의 사람들은 시끄러움을 잠재우는 역할을 한다. 성령의 사람들은 우리 사회에 있어서 윤활류 역할을 하게 된다.

하나님께서 성령을 부어주시고 작은 불꽃을 밝히심으로 그 밝은 빛으로 인해 어두움은 물러가게 된다. 작은 호롱불 하나가 어두운 방을 밝혀 주듯이, 성령의 빛으로 인해 암흑과 같은 우리 마음 세계는 영원한 생명을 향한 소망으로 가득 차게 된다. 그 빛으로 인해 쓸모없이 무실수로 자라왔던 마음의 나무들이 드디어 열매를 맺게 되었으니 곧 사랑과 희락과 화평과 오래 참음과 자비와 양선과 충성과 온유와 절제가 그것이다.

아들들이 고등학교 다닐 때 외식하는 자리에서 문학, 미술, 음악, 체육 등 분야를 막론하고 공통적인 아름다움이 있는데 이것이 무엇이겠느냐고 물었더니 놀랍게도 둘째 애가 내가 원하는 답을 말하였다. 내가 원하는 답안은 절제라는 것이었다. 소리의 절제가 있어야 노래가 아름답고 색채의 절제가 있어야 그림이 아름다운 것과 같이 우리의 감정을 나타내는 데 있어서도 절제를 하여야 한다는 것이다.

때로는 사랑의 마음이 주체할 수 없다하여도 그 마음을 절제하여 은근하게 정감이 느껴지도록 하여야 하고, 기쁨이 넘친다고 하여도 그 기쁨을 자제하여 오히려 우울하게 보일 필요도 있게 된다. 하나님께서 우리에게 성령으로 주신 선물의 가치는 선물을 받은 자만이 알 수 있는 것이기 때문에 그것을 귀하게 간직하고 절제 있게 표출하여야 한다.

이와 관련된 성경 말씀이 고린도 후서 6장 10절이라 할 수 있겠다. 즉 "근심하는 자 같으나 항상 기뻐하고 가난한자 같으나 많은 사람을 부요하게 하고 아무 것도 없는 자 같으나 모든 것을 가진 자로다" 와 같은 것이다.

뭐니 뭐니 해도 참기름은 비빔밥과 만났을 때 그 진가가 발휘된다. 참기름 한 숟갈이면 냄새로나 맛으로나 비빔밥을 맛깔스럽게 하기에 충분하다. 더 많은 양의 참기름은 낭비일 뿐 더 좋은 맛을 내는데 있어서 별 도움이 되지 않는다. 참기름을 지나치게 많이 부어대면 비빔밥을 오히려 느끼한 맛이 나게 한다. 이것이 참기름이 가지고 있는 절제미라 할 수 있다.

현대 문명을 주도하고 있는 물질 중 으뜸이 되는 것이 기름이라 할 수가 있다. 미국이 이라크를 침공하여 많은 사람을 죽게 했던 것도 알고 보면 기름 때문이라 할 수 있다. 기름은 자동차, 비행기, 선박 등 대부분의 교통 수단의 연료이며, 의류, 신발, 그릇, 건축 기자재, 각종 전자제품 등 현대 산업제품들의 대부분이

석유화학 제품임을 알 수가 있다. 그러니 기름이 없으면 경제활동 자체가 중단되어 인류는 더 이상 지구상에서 살아갈 수가 없게 된다. 기름은 현대 물질문명 사회의 핵심을 이루는 소중한 자원임에는 이견이 없을 것이다.

기름은 눈에 보이는 세상을 주도하고 있음을 알 수 있다. 기름은 얼마 있지 않아서 고갈되고 만다. 현재 기름을 대체할 만한 에너지는 없으며 그러한 에너지가 계발될 가능성 또한 희박하다. 기름에 의존하여 돌아가는 세상은 제사 때 지방으로 사용된 종이와 같이 타서 재로 되어 없어져 버릴 것이다.

하나님께서는 택하신 사람에게 성령을 부어주시고 성령의 불이 비춤으로 인해 보이지 않은 세상을 볼 수가 있게 된다. 기름의 능력은 유한하지만 성령의 능력은 무한하다. 기름자원은 유한하지만 성령은 무한하다. 성령은 무한히 공급되어 그 불이 꺼지지 않도록 할 것이다. 기름은 성령의 그림자와 같은 것이다. 그림자는 끌려 다닐 뿐 주도해서 나갈 능력이 없다. 그림자를 붙잡고 있다가 그 본체가 이동하여 버리면 아무것도 잡힌 것이 없게 된다. 본체가 너무 크면 그 본체는 보이지 않고 그림자만 나타난다. 성령은 본체이고 기름은 그 성령의 그림자임을 하나님께서는 우리에게 계시하고 계신다

지금 세상을 주도하고 있는 기름은 선을 위한 고통가운데서 생겨난 기름이 아니다. 기름은 노아의 홍수 때 갑작스런 지각변동에 의해 묻힌 생명체들이 진공 상태에서 수천 년 동안 강한 압

력을 받음으로 인해 발생된 검은 액체이다. 즉 기름은 이 세상에 죄악이 관영함에 따라 하나님께서 이 세상 만드신 것을 후회하시고 멸하여 버린 죄악의 부산물이다. 그러므로 이러한 기름은 타 없어져야 할 기름이다.

하나님의 구원 계획에 동참한 우리는 알게 된다.

타 없어지게 되어 있는 기름을 공급 받으며 사는 것은 살아가는 것이 아니고 기름과 함께 죽어간다는 것을. 이 세상 부와 명예와 권력은 이 세상 기름을 공급 받아 타오르는 불꽃과 같은 것이다. 이 세상 기름은 언젠가는 고갈 되고 말 것이다. 그러니 이 세상 부귀영화는 기름과 함께 없어져 버릴 불꽃과 같은 것이다. 우리는 사모해야 한다. 영원히 꺼지지 않는 성령의 불꽃으로 타오르게 해 달라고. 성령으로 타오른 불꽃은 참 평안과 참 기쁨으로서 그 기쁨은 영원할 것이다.

하나님께서는 택한 백성 중에서도 왕에게 기름을 부어 주셨다. 그러므로 성령의 기름 부음을 받은 자는 하나님 나라의 분봉왕이라 할 수 있겠다. 베드로 전서 2장 9절에서 성령의 기름 부음을 받은 자들을 가리켜 "오직 너희는 택하신 족속이요 왕같은 제사장들이요 거룩한 나라요"이라고 표현한 이유가 바로 여기에 있다.

우리는 기도해야 한다. 우리에게 성령의 기름을 부어달라고. 그리고 사울에게 부으신 기름이 아니고 다윗에게 부으신 기름으로 우리의 생명이 영원히 꺼지지 않게 해 달라고.

4.
술과 성령

과거 술을 좋아했던 나로서는 술에 대해 할 말이 적은 편이 아니다. 술의 고상한 이름이 약주이다. 약간의 술. 약으로 먹는 술. 원 뜻의 의미를 차치하고서도 이러한 의미로 받아들이고 싶은 뜻에서 술을 술이라고 말하지 않고 '약주 좀 하십니까' 라고 다소 교양 있는 척 묻기도 한다.

그런데 약주로 시작하여 폭주로 끝나는 것이 보통이므로 약주는 허울 좋은 이름일 뿐 독주라는 명칭이 술의 정체성에 적합한 호칭일 것이다.

최악의 경우 술에 끌려 다니면서 술의 종노릇 하게 되는 경우가 있는데 이러한 상태를 알코올 중독이라고 한다. 술을 즐기는 사람들은 대부분 자신이 알코올 중독자가 될 것으로 생각하지는 않는다. 술과 더불어 변함없는 사랑을 나누다가 무탈하게 생을 마감하고 싶은 것이 술을 마신 사람들의 공통적인 소망일 것이다.

술의 특성 중 으뜸인 것이 사랑을 공유할 수 있다는 데 있다. 술은 자신을 찾는 모든 사람을 차별 없이 사랑하고 술을 사랑하는 모든 사람은 술에 대한 자신의 사랑을 가능하면 많은 사람과 함께 나누고 싶어 한다. 심지어 자기가 사랑하는 자인 술을 사랑하지 않은 사람과는 이질감마저 느끼기도 한다. 술은 밤을 좋아한다. 자신을 찾는 자들이 주로 밤에 많기 때문이다. 사랑을 찾아 목말라 하거나 헤매고 다닐 필요도 없다. 가만히 앉아 있어도 찾아 주는 사람이 수없이 많기 때문이다.

술은 자신에 대한 자부심이 대단하다.

좋아하는 사람에게 사랑을 고백할 수 있는 용기를 주는가 하면 불편한 관계에 있는 사람들을 단 시간 내에 화해하도록 하는 데 있어서 자신에 견줄 자가 없다고 생각하기 때문이다. 또한 어려움에 처한 자에게 위로가 되고 기쁜 일이 있는 자에게는 무한한 행복감에 도취하도록 하는데 있어서 탁월한 소질이 있다고 생각하여 이에 대해서도 강한 자긍심을 가지고 있다.

자신의 영역을 확장하는데 있어서도 여타한 노력을 할 필요가 없다. 자신을 사랑하는 사람들이 스스로 알아서 척척 잘 전파해주기 때문이다. 술이 하는 일은 오직 사람들의 품격에 걸맞도록 하기 위해 때론 막걸리로 때론 양주로 옷만 바꿔 입고 정해진 곳에서 가만히 앉아 있기만 하면 되는 것이다. 옷만 바꿔 입었을 뿐이지 본질이 바뀐 것이 아니므로 사람을 차별하지는 않는다. 비싼 양주의 옷을 입은 술이라고 하여 고관대작만을 상대하는 것이 아니고 말단 직원도 괄시하지 않고 똑같이 상대해준다. 이 밖에도 술이 세상을 위해 베푸는 선한 일들을 말하는 데 있어서는 밤을 새워도 부족할 것이다.

술의 한자어가 酒(주)이다. 우리는 예수님을 主(주)님이라 부른다. 성령으로 우리에게 임하시는 예수님이 술과 같이 주라 불리는 것은 우연의 일치 치고는 참 기이한 일이다. 그러므로 술을 빌어서 성령 하나님을 희화한 사람들이나 코미디언들을 흔히 볼 수가 있다. 그들의 말이 틀린 것이 아니다. 왜냐하면 술과 성령은 공통점을 많이 가지고 있기 때문이다.

술의 존재를 부정하는 사람은 없다. 존재하다의 사전적 정의는 현실에 실제로 있는 대상 즉 객관적으로 있음을 인정할 수 있는 대상을 말한다. 사전적인 정의에 의하면 신은 존재하지 않은 것이 된다. 대학 다닐 때 제일 재미없었던 시간이 철학 시간이었다. 철학이라는 과목 자체가 어렵기도 하지만 담당교수가 마치 혼잣말처럼 중얼중얼 하다가 수업을 마치는 것이 일쑤이기 때문이었다. 들은 바에 의하면 그 분은 천재라고 할 만큼 공부를 잘했던 분이라고 하였다.

그런데 놀랍게도 다른 교양과목에서 배운 것은 기억에 남은 것이 없는데, 그분이 반복해서 말씀하셨던 존재에 대한 정의는 잊히지 않고 나의 뇌리 속에 남아 있어서 그 정의 속에는 그 교수가 집착하기에 충분한 철학적 의미가 내포되어 있음을 발견하게 되었다.

그 분은 존재를 이렇게 정의하였다. 존재란 무엇인가. 있는 것은 있는 것이고 없는 것은 없는 것이다. 이것은 대상의 객관성과 주관성 그리고 인간의 한계성을 넘어서는 신의 영역까지를 포함한 모든 것을 대상으로 한 존재의 정의임을 알 수가 있다. 신은 존재하는가? 신이 있으면 존재하고 없으면 존재하지 않은 것이다. 있는데 존재하지 않는다고 주장한다고 하여 있는 것이 없는 것이 아니고, 없는데 있다고 주장한다고 하여 없는 것이 있게 되는 것도 아니다. 존재에 대한 정의는 진리에 대해서도 그대로 적용된다.

진리란 무엇인가. 맞는 것은 맞는 것이고 틀린 것은 틀린 것이다. 태양이 지구 주위를 돌고 지구가 납작하다고 생각하였는데 진리는 정 반대로 지구가 태양을 돌고 지구는 둥글다는 사실이 밝혀졌다. 하나님이 존재하느냐 존재하지 않으냐 즉 존재하는 것이 진리이냐 존재하지 않은 것이 진리이냐를 놓고 논쟁하는 것은 무의미한 일이다.

그것은 인간의 영역 밖의 문제이므로 사람의 입으로 증명할 성질의 것이 아니기 때문이다. 오직 성경을 믿느냐 믿지 않느냐에 대한 믿음의 문제이다.

술의 사랑에 취해 살다가 가정이 파경 위기에까지 처하게 되었을 때 나에게 진짜 사랑이 나타났다. 한마디로 황홀경 그 자체였다. 그때야 나는 깨달아 알게 되었다. 술이 그분 곧 성령 하나님의 자리에 앉아서 우리로 하여금 하나님을 거부하고 자신에게 빠져들게 한 후 우리를 파멸의 길로 인도해 간다는 것을. 그래서 술과 절교하였다.

참사랑이신 그 분은 항상 나와 함께 하신다. 밤에도 계시고 낮에도 계신다. 술의 경우와 같이 밤에 그분이 계신 곳을 찾아 갈 필요가 없다. 그 분은 사랑이시고 화평케 하신다. 자신을 찾아와서 마셔야 사랑을 해주는 자와는 다르다. 내 안에 계시어 떠나지 않으시고 나를 주관하신다. 나는 비로소 알게 되었다. 술은 주님의 원수인 사탄의 앞잡이라는 것을. 그리고 주님은 자신의 피조물인 술을 통해 원수의 정체를 드러내신다는 것을.

알고 보면 세상은 술로 다스려짐을 알 수가 있다. 체질적으로 몸에 맞지 않은 사람을 제외하고는 술을 마시지 않을 수가 없다. 대학에서나 군대에서나 사회에서나 사람이 모인 곳에는 술이 함께하기 때문이다. 서먹서먹했던 분위기가 술이 한 순배 돌아감으로 하여 화기애애하여 지고 처음 자리한 사람들이 마치 십년지기 보다 더 가깝게 느껴진다.

술을 마시지 않고 술자리에 앉아 있는 것 같이 곤혹스러운 일은 없다. 술을 마시지 않은 자는 술 마시는 자들의 이방인이다. 술은 누룩이 섞인 물이다. 성령은 생수이다. 섞이지 않은 물 곧 진리의 말씀인 것이다. 진리가 아닌 것이 진리인척 하는 것이 술의 정체임을 알 수가 있다.

아랫것 곧 흙이자 육체인 몸을 자극하여 영혼을 지배하려고 하는 것이 술의 참 모습이다. 거짓 물 즉 섞인 물인 자신을 마시게 함으로 하여 생수에 대한 목마름이 생기지 못하도록 하는 것이 술의 역할인 것이다. 사람이 하나님을 알지 못하도록 하는 것을 목적으로 하여 이 세상에서 활동하고 있는 사탄의 무기로서 술은 생화학 무기와 같은 파괴력을 지닌 것이라 할 수가 있을 것이다.

자신의 육체를 술의 놀이터로 제공하고 놀이 기구들을 무리하게 사용함으로 하여 부속품이 망가져서 더 이상 술과 함께 놀 수가 없게 되었을 때 술은 냉혹한 본 모습을 드러내게 된다. 천사의 탈을 쓰고 우리를 유혹했던 악마의 본 모습인 것이다. 순간의 쾌락을 위해 놀이터에서 술과 함께 놀면 그 놀이터는 지옥이 될 것이고 그 놀이터에서 하나님과 함께 놀면 그 놀이터는 영원한 기쁨이 있는 천국이 되는 것이다.

그런데 술과 하나님은 함께 할 수가 없다. 술은 원수의 앞잡이이기 때문이다. 그렇다면 예수님께서 술을 마신 이유를 무엇으로 설명할 것인가. 술도 예수님의 피조물에 불과하다. 창조주가 다스리지 못할 피조물은 있을 수 없다.

그러므로 술이 아니라 독약을 마신다고 해도 예수님이 원하시면 그 물질의 효과에서 자유로울 수가 있는 것이다. 예수님께서는 술에 취하기 위해 술을 마시는 것이 아니고 술을 마셔야 하기 때문에 술을 마셨다는 것을 기억해야 한다.

그러므로 예수님께서 술을 마셨다는 것을 자신이 술을 마시기 위한 합리화를 위해 이용해서는 안 될 일이다. 술이 지배하는 세상에서 술을 거역하는 것은 쉬운 일이 아니다. 술을 거부하실 수 있는 분은 우리가 아니고 성령 하나님이라는 것을 알아야 한다. 내 안에 성령 하나님이 계시다는 확고한 믿음 없이 술을 마시지 않았을 때 이로 인해 수반되는 많은 사회적 불이익과 고난을 감당하기가 쉬운 일이 아니다.

그것을 알기에 나는 단지 교회를 다닌다는 것만을 이유로 하여 금주하도록 하는 것은 옳지 않다고 생각한다. 술이라는 장애물로 인해 교회에 오지 못하는 것 보다는 술을 마시면서 교회를 다녀야 한다고 생각하기 때문이다.

은혜와 구원의 원리를 이해한다는 것은 결코 쉬운 일이 아니다. 교회를 다니고 있는 자라야 이러한 가르침에 귀를 기울이기 때문에 구원을 얻기 위해서 교회에 나오는 것은 가장 기본적이고 필수적인 일이다. 교회에도 양과 염소가 있다. 양은 양에게 주는 먹이만을 받아먹지만 염소는 가리지 않고 주는 대로 잘 받아먹는다.

이 세상에는 완전한 교회가 없다. 생수는 오직 성경 밖에 없기 때문에 목사의 설교에만 의존하여 믿음 생활을 하는 것은 바람직한 신앙인의 자세가 아니다. 양의 먹이는 진리의 말씀 곧 성경이라는 인식하에 성경 말씀이 옳게 풀어서 설파되었을 때 양들은 그것을 즐거이 받아먹고 성장하게 되는 것이다.

양들은 성령에 취한 자이다. 성령에 취한 자는 술을 먹지 않는다. 성령과 술은 한자리에 있을 수 없다. 취하게 하는 방법이 다르기 때문에 충돌이 생기게 된다. 술은 육체를 자극하여 쾌락을 즐기도록 한다. 반면에 성령께서는 영혼의 안식과 평안을 제공하신다.

술은 일시적이고 제한적인 기쁨을 제공하지만 성령께서는 지속적이고 무한한 기쁨과 평강으로 인도하신다. 술에 취한 자들은 세상 말을 조잘 대며 세상 노래를 즐기지만 성령에 취한 자들은 천국 말씀을 나누며 하나님을 찬송하는 찬양을 노래한다.

세상 사람들이 하나님을 희화한 것은 하나님이 존재하지 않는다고 생각하기 때문이다. 천지 만물을 지으시고 자신을 손수 빚어내신 하나님이 살아계시어 이 세상을 주관하고 계신다는 사실을 믿지 않기 때문에 술에 빗대어서 마음껏 하나님을 조롱할 수가 있는 것이다.

눈에 보이지 않은 것은 허상일 뿐 그 존재를 인정하지 않으려고 하는 것이 마귀에게 눌려있는 세상 사람들의 보편적 속성이다. 그들에게 있어서 술은 실상이고 주님은 허상일 뿐이다. 주님을 믿는다는 것은 있지도 않은 허상을 믿는 것이므로 어리석은 일이다. 없는 주님 찾지 말고 나중 일이야 어떻게 되든 말든 있는 술이나 실컷 마시고 술에 취해 즐겁게 살자.

이것이 주를 믿는 사람들을 대하는 그들의 시각이다. 그러한 그들에게 그들의 생각이 잘못되었다고 입증할 방법은 없다. 그것은 그들을 지으신 하나님의 몫이기 때문이다.

무엇이 실상이고 무엇이 허상인가. 술을 만든 자가 실상이고 술은 허상이다. 술을 제조하는 자가 없으면 술은 존재하지 않기 때문이다. 술을 마시는 자를 만든 자가 있다면 술을 마시는 자는 허상이고 마시는 자를 만드신 자가 실상이 되는 것이다. 그러므로 만물을 만드신 자가 있다면 모든 만물은 다 허상이 되는 것이다. 허상들이 허상임을 알지 못하고 실상이신 하나님을 무시하는 것, 이것이 곧 죄라는 것이다. 그러므로 자신이 허상임을 알지 못하는 모든 사람은 죄인인 것이다. 의인은 자신이 죄인이라는 것을 아는 자 곧 자신이 허상이라는 것을 인정하는 자인 것이다.

실상은 영원하고 허상은 유한한 것이다. 그러나 유한한 것도 무한한 존재와 함께 하면 영원한 것이 된다. 성령이 함께한 사람은 예수님의 지체로서 하나님과 영원히 함께 사는 자이다. 이 사람이 구원 받은 사람이고 천국 백성이 되는 것이다.

이에 대해 고린도전서 3장 16절 말씀을 마음판에 새겨야 할 것이다. "너희는 너희가 하나님의 성전인 것과 하나님의 성령이 너희 안에 계시는 것을 알지 못하느냐" 그러니 천국은 먼데 있는 것이 아니고 바로 내 몸이 천국인 것이다. 나와 성령 하나님이 함께 거하는 곳 그곳이 곧 나의 몸이자 천국인 것이다. 이것이 성도가 술을 마시지 않은 이유가 되어야 할 것이다.

오직 은혜
오직 예수

———

1.

옷

하나님께서는 신명기 22장 23절에서 약혼한 여자가 다른 남자와 성관계를 맺으면 그자를 돌로 쳐 죽이라고 하셨다. 또한 신명기 13장 10절에서 다른 신을 믿게 하는 자들에 대해서도 그들을 돌로 쳐 죽이라고 하셨다.

국어사전에 간음이란 '부부가 아닌 남녀가 성관계를 맺는 것'이라고 되어 있다. 다른 남자와 성관계를 맺는 자 즉 간음한 자와 다른 신을 믿게 하는 자의 죄질을 같이 보고 똑같이 중벌로 다스리라고 하셨음을 알 수가 있다. 말을 바꾸면 하나님과 자기 백성(그리스도와 교회)의 관계를 부부관계를 들어 계시하신 것이다.

잘 알다시피 십계명의 제 1계명이 나 이외의 다른 신을 섬기지 말라이다. 성경의 중심 내용은 하나님 이외의 다른 신 그리고 남자와 여자에 관한 이야기라 할 수 있고, 이들은 각각 죄와 구원자와 구원을 받아야 할 자의 상징이라는 것을 알 수있다. 창세기 3장에는 선악과를 먹으면 죽으리니 먹지 말라는 하나님의 계명을 어기고 선악과를 따먹은 아담과 하와 그리고 그들에게 선악과를 따 먹도록 종용한 사탄을 하나님께서 징벌하시는 장면이 비교적 상세하게 기록되어 있다.

사탄은 여자에게 선악과를 먹는다고 해도 죽지 않고 오히려 눈이 밝아져서 하나님과 같이 되어 선악을 판별할 줄 알게 된다고 꼬드긴다.

여자가 보기에 선악과는 먹음직도 하고 보암직도 하고 지혜롭게 할 만큼 탐스럽기도 하였다. 먹고 싶은 욕망을 견디지 못한 여자는 결국 그 열매를 따 먹고 남편인 아담에게도 주어서 먹게 하였다. 그런데 선악과를 따먹은 아담과 하와는 사탄이 말했던 바와 같이 그들의 눈이 밝아져서 그들이 벗은 줄을 알고 무화과나무 잎을 엮어서 치마를 만들어 입게 된다. 무화과나무 잎으로 만든 치마가 인류 최초의 옷으로 등장하고 있음을 볼 수 있는 장면이다.

하나님께서는 사람과 동물을 흙으로 지으셨는데, 다른 동물과는 달리 사람에게는 생기를 코에 불어 넣으셨다. 그래서 사람은 생령이 되었다. 생령이 된 사람은 하나님의 영이 들어있는 사람이다. 하나님의 영이 들어 있는 사람은 영의 눈을 가진 자이다.

육체의 눈이 밝아졌다고 하는 것은 영의 눈이 어두워졌음을 의미한다. 벗은 줄을 알게 되었다는 것은 죄를 알게 되었다는 것이다. 육체는 벗은 상태 그대로인데 뒤늦게 벗은 줄을 알게 되었다는 것은 그들이 무언가 입고 있었다는 것을 함유하고 있는 말씀이다.

간음하다가 발각되면 옷을 입게 된다. 벌거벗은 몸을 감추어야 하기 때문이다. 그들이 입었던 옷은 그들을 감싸고 있었던 하나님의 영이었던 것이다. 하나님의 영으로 옷 입었던 그들이 사탄의 꼬드김에 넘어가 하나님의 영이 떠나감으로 벗겨진 몸이 되어 벌거벗고 선악과를 따 먹었다. 하나님과 같이 되고자 하는 계략이 탄로 나서 하늘에서 내어 쫓긴바 된 사탄과 한 통속이 된 그들은 하나님과 같이 되고자 하여 옷을 벗고(하나님을 배반하고) 선악과를 따 먹었다. 그들이 벗은 옷은 다시 입을 수 없는 옷이다. 그 옷은 사람이 소유하여 입고 벗을 수 있는 성질의 것이 아니기 때문이다.

그들은 그들이 무엇을 벗었는지 알지를 못했다. 마치 벗은 자와 같은 두려움과 수치를 느꼈을 뿐이다. 그 부끄러움이 그들의 벗은 몸 때문인 것으로 생각한 것이다. 그들의 눈이 밝아졌기 때문이며, 영의 눈은 멀어지고 대신 육의 눈이 밝아진 것이다.

밝아진 눈은, 눈에 보이는 대로 스스로 선악을 판단하기 시작했다. 보이는 것이 전부라고 생각하며 살아가고 있는 우리의 모습과 같게 된 것이다. 우리의 눈이 선악 판단의 주체가 된 것이다. 사탄의 말과 같이 우리의 눈에 보이는 대로 선악을 판단하는 자 곧 하나님과 같이 된 자들인 것이다. 선악과를 따 먹은 아담과 하와와 같이 다시 말해서 우리들은 벗은 모습으로 사탄과 간음을 계속하고 있는 자들이라 할 수 있다. 이처럼 하나님과의 관계 파괴는 부끄럼과 두려움과 어두움의 죄악이요 죽음뿐이다. 왜냐하면 하나님과의 관계가 유지될 때만이 자랑스럽고 영광스러운 생명의 자유가 보장되기 때문이다.

하나님의 영이 아담과 하와에게서 떠나게 됨으로 하여 아담과 하와는 생령이 아닌 사람이 되었고, 사탄이 그들에게 들어와서 그들을 다스리고 조종하게 되었다. 생령이 아닌 사람을 육체라고 한다. 생령으로 지어진 아담은 간음함으로 육체가 되었고 육체의 후손인 우리들도 육체일 따름이다. 입어야 할 옷이 벗겨진 채 벌거벗고 육체로 태어난 우리들은 벗은 모습을 가리기 위해 입을 옷을 찾도록 되어있다.

옷은 육체의 포장이라 할 수 있고, 포장은 상품의 가치를 극대화 시키는 효과가 있다. 육체의 조종자 곧 우리 안의 정부(情夫)인 사탄은 값 비싸고 품위 있는 옷을 입어야만이 우리의 부끄러움이 더 잘 가리어진다고 꼬드긴다. 이미 사탄의 손아귀에 들어가 있는 우리들은 사탄이 이끄는 대로 보다 좋은 옷을 장만하기 위해 불철주야 노예와 같이 일할 수밖에 없다.

재물로 장식된 화려한 옷을 입고 나면 권력으로 장식된 권위 있는 옷을 입어야 한다고 하고, 권위의 옷을 입고 있는 자에게는 부와 명예의 옷을 입어야 한다고 부추긴다.

그런데 이 옷 저 옷을 다 마련하기가 쉬운 일은 아니지만 그 어떤 옷을 입는다고 하여도 우리의 부끄러움이 가리어지지가 않는다. 왜냐하면 그것들은 모두 무화과나무 잎으로 엮은 치마에 불과하기 때문이다. 무화과나무 잎으로 엮어 만든 치마는 그것을 입었을 때 잠시 몸을 가릴 수는 있지만 하루 볕에도 견뎌 내지 못하고 말라져서 그것으로는 더 이상 수치를 가릴 수 없는 쓰레기가 되고 만다.

그런데 그 보다도 더욱 근본적인 문제는 육체의 힘과 노력과 열심에 의해 만들어진 그 어떤 옷으로도 벗은 육체를 가릴 수가 없다는 데 있다. 육체가 자신을 가리기 위해 육체 스스로 만들어 입은 옷은 육체의 눈속임에 불과할 뿐 육체를 가릴 수 있는 옷은 오직 벗겨진 그 옷 밖에 없고, 그 옷은 바로 예수 그리스도라는 것을 하나님께서 성경을 통해 우리에게 말씀하고 계신다.

옷을 입고 간음하는 자는 없을 것이다. 부와 명예와 권력의 옷을 구하기 위해 수반된 제반 욕심, 미움, 시기, 다툼, 질투 등 우리 안에서 이루어지는 모든 추한 행위들은 우리를 조종하는 자인 사탄과 함께 행하는 것들이고, 이것은 남편(남자, 예수 그리스도)이 있는 우리(여자)가 외간 남자인 사탄을 정부로 불러들여 사탄과 더불어 즐겨 행하는 것이므로 이는 분명한 간음인 것이다. 성령이 그리스도와 교회의 관계를 신랑과 신부로 계시하신 것같이 우리들은 모두 죄인으로써 예수님(남편)이 보는 앞에서 벌거벗고 간음하고 있는 더러운 여자들인 것이다.

요한복음 8장 1-11절에 예수님께서 간음한 여자를 용서하시는 장면이 기록되어있다. 율법에 정한 대로라면 간음한 여자는 물어 볼 필요도 없이 돌로 쳐 죽이게 되어 있다. 안식일을 그들의 방식대로 지키지 않은 예수님이 이 간음한 여자에 대해서는 어떻게 생각하고 있는지 시험해 보려고 그들은 이 여인을 예수님 앞에 데리고 온다. 돌로 쳐 죽이라고 하지 않으면 예수님은 율법을 어기는 것이 확실하고 거짓 선지자임이 드러나게 된다. 다시 말해 그 여자를 돌로 쳐 죽이라고 하지 않으면 그들이 예수를 돌로 쳐 죽이겠다는 기세로 들이대고 있는 것이다.

사도 바울은 로마서 8장 2절에서 "율법을 죄와 사망의 법"이라고 하였다. 죄와 사망의 법은 껍데기 법이자 버려야 할 법인 것이다. 껍데기는 알맹이가 무엇인지를 알려 주는 것이다. 껍데기만 먹고 알맹이를 버리는 자는 없을 것이다. 알맹이 법은 생명의 성령의 법이다.

예수님께서는 생명의 성령의 법을 선포하기 위해 이 땅에 오셨다. 생명의 성령의 법은 은혜와 용서의 법이다. 하나님께서 뜻하시는 간음한 여자는 곧 사탄을 정부로 두고 영적인 간음을 하는 우리 모두인 것이지 육체적 간음을 했던 그 여인만을 지칭한 것이 아니다.

간음한 자를 간음한 자가 정죄할 수는 없다. 예수님 앞에서 간음한 자임이 드러난 그들은 아무도 그 여인을 돌로 칠 수가 없게 되었다. 돌로 칠 수 있는 분은 오직 한 분이신 예수 그리스도

밖에 없다.

우리는 법이 허락하기만 하면 돌로 쳐 죽일 만큼 간음한 아내나 남편을 증오한다. 선하신 하나님께서 죄인들에게서 자연스럽게 나오게 되는 행위를 그들의 뜻대로 행하라는 법을 주셨을 리가 만무하다. 여기에는 우리에게 말씀하시고자 하는 하나님의 깊은 뜻이 담겨 있을 것이라 생각하고 이 법을 바라보아야 마땅할 것이다. 그들은 다른 신을 섬기지 말라는 계명과 간음하지 말라는 계명이 같은 것임을 깨닫지 못했던 것이다.

그러므로 우리 모두는 간음한 자로서 예수님에 의해 돌로 맞아 죽어야 마땅한 자들이다. 간음한 자를 돌로 쳐 죽이라는 율법을 통해 하나님께서 우리에게 말씀하고 계신 것은 너희들은 모두 나에게 돌로 쳐 죽임을 당하게 될 자들이라는 것을 깨달아 알라 하는 것이다. 그런데 하나님께서는 아담과 하와에게 가죽옷을 지어 입히셨다. 가죽 옷은 임시방편적인 무화과나무 잎으로 만든 치마에 비해 영구적인 옷이다.

무엇보다도 가죽 옷은 육체인 사람이 만든 옷이 아니고 하나님이 지어 주신 옷이다. 하나님께서 가죽옷을 지어 입히신 배경에는 두 가지 뜻이 숨어 있다.

첫째는 너희의 부끄러움은 너희가 만든 옷으로 가릴 수 있는 것이 아니고 하나님인 내가 지어 준 옷이라야 한다는 것이고, 둘째는 누군가의 피를 흘리지 않고서는 너희의 부끄러움을 가릴 옷감을 마련할 수가 없다는 것이다.

하나님께서 아담과 하와에게 지어주신 옷감의 가죽은 양의 가죽이다. 양은 예수 그리스도를 상징하며, 예수 그리스도는 양 중에서도 가장 약한 양인 어린 양으로 오셨다. 죽기 위해 오셨으니 힘이 있을 필요가 없기 때문이다. 그리고 목적하신 대로 십자가에서 피 흘려 돌아가셨다. 가죽 옷의 옷감을 만들기 위함이었다. 하나님께서는 벌거벗은 하나님의 백성에게 가죽 옷을 지어 입히신다. 가죽옷은 죄로 인해 하나님으로부터 압수당한 옷이다. 가죽 옷을 입지 않은 자들은 모두 벌거벗은 자들인 것이다.

하나님께 구원 받은 하나님의 백성들은 하나님을 아는 자들이고, 하나님을 아는 자들은 자신들이 벌거벗었음을 아는 자들이다. 그러므로 그들은 자신들의 부끄러움을 가릴 수 있는 옷은 오직 하나님이 만들어 주신 가죽옷 밖에 없다는 것을 알게 되고 기도하게 된다. 저에게 가죽옷을 입혀 주소서 라고.

가죽 옷은 예수 그리스도이다. 가죽 옷을 입지 않은 자는 돌로 쳐 죽임을 당하게 될 것이다. 가죽 옷은 마땅히 죽어야 할 자들이 죽지 않고 살도록 하기 위해 하나님께서 입혀주시는 은혜의 옷이다. 가죽옷을 입으면 사람이 다시 생령이 되는 것이다. 가죽 옷은 진리의 옷이다. 진리는 곧 우리의 남편인 예수 그리스도이다. 벌거벗은 자는 거짓의 내연녀 곧 마귀의 종들이다. 죄인인 우리는 예수그리스도로 옷 입고 예수님의 신부가 (예수님과 연합이) 되어야 만이 하나님의 가족이 되어 하나님과 함께 천국에서 영원히 살 수 있다.

예수 그리스도로 옷 입는다는 것은 우리의 맘과 뜻이 예수로 덮어져서 우리의 행위는 죽고 예수 그리스도의 행위만 드러난다는 것을 의미한다. 예수 그리스도의 행위가 우리에게 드러난다는 말은 우리의 지성과 감정과 의지인 하나님의 형상이요 인격이 변화됨을 말한다. 그러니까 천국이 어느 날 갑자기 오는 것이 아니라 우리의 인격인 하나님의 형상이 회복되기 전에는 천국에 갈수 없음을 의미한다.

그리스도는 하얀 옷이다.

점도 없고 티도 없는 눈과 같이 하얀 옷이다. 그 옷은 우리의 모든 죄를 감추는 옷, 죄를 드러나지 못하도록 덮어주는 옷이다. 그 옷은 오직 하나님의 은혜의 선물이다. 입고 싶은 자가 입는 옷이 아니고 입혀 주는 자가 입혀 주어야 입게 되어 그 옷을 입어야만이 천국에 들어갈 수 있는 천국 백성의 예복이다. 그 옷을 입어야만이 부끄러움이 감추어져서 더 이상 부끄러움을 가릴 다른 옷이 필요치 않은 진짜 옷이다. 하나님 아버지! 그 옷을 저희에게 입혀 주시옵소서. 할렐루야 아멘.

"네가 말하기를 나는 부자라 부요하여 부족한 것이 없다
하나 네 곤고한 것과 가련한 것과 가난한 것과 눈먼 것과
벌거벗은 것을 알지 못하는도다"(계시록 3장 17절)

2.
땅

 땅의 원 뜻은 바다와 물을 제외한 지구의 표면을 의미한다.

땅의 의미는 육지와 바다 중 육지의 의미로, 그리고 더 나아가서 국가와 영토의 의미로까지 확장되어 사용되어짐을 알 수가 있다. 땅의 본질은 흙이고 모든 동물과 식물은 흙에서 취함을 입었다.

땅은 산 것이나 죽은 것이나 모든 것을 품어 안고 존재한다. 산 것은 살아 숨 쉬게 하여 원기 왕성하게 하고 죽은 것은 완전히 녹여내어 자신과 동화시키는 일, 땅은 그 일을 하고 있는 것이다. 이것이 땅의 신비로움이다. 이런 의미에서 볼 때 땅은 죽어 있는 것이 아니고 영원히 살아있는 더 큰 의미의 생명체라 할 수 있다. 산 것을 살아 숨 쉬게 하는 일도, 그리고 죽은 것을 본질인 자신의 모습으로 회생시키는 일도 모두 땅이 하는 일이기 때문이다.

땅은 더러운 것을 감싸 안아 깨끗하게 하여 자신의 모습으로 소생시킨다. 썩어서 악취가 심한 음식물도 마다 않고 꼭 끌어 안아서 냄새를 풍기지 못하도록 하고 그것의 본 모습인 흙으로 재탄생 시키는 일을 땅이 하고 있는 것이다.

땅이 일을 하지 않으면 우리는 살 수가 없다. 우리는 오곡백과를 음식으로 섭취하여야 살 수가 있고 이것을 자라 여물게 하는 일은 땅의 몫이기 때문이다. 우리는 땅에게 일을 하도록 함으로 하여 살아가고 있음을 알 수가 있다. 그런데 땅이라고 하여 쉬지 않고 일을 할 수는 없다. 안식이 필요한 것이다. 그러므로 하나님께서는 7년마다 한 번씩 안식년을 두어서 땅을 쉬도록 하셨다. 일을 하면 쉬어야 하는 것, 이것이 피조물의 한계성이자 피조물의 자아 인식인 것이다.

사람이 하나님 곧 왕이 되기 위해서는 피조물을 피조물로 받아들이지 않는 것이 전제가 되어야 한다. 그래서 땅은 저절로 만들어진 것이라고 할 수 밖에 없다. 사람이 할 수 없는 모든 것은 저절로 된 것이고, 따라서 그것을 자연이라고 한다. 왕이 된 사람들은 하나님이 만든 이 땅을 자연의 일부분으로 보고 자신들의 피와 땀으로 그것을 경작하여 씨를 뿌려서 곡식을 생산한다고 생각한다. 곡식은 땅에서 나온 것이므로 곡식 또한 땅이라 할 수 있다. 떡은 곡식으로 만들어진다. 그러므로 떡은 땅이라고 할 수가 있을 것이다. 땅 곧 흙인 사람은 땅을 떡으로 먹어야 살 수 있음을 의미한다.

흙은 뱀의 먹이이다. 하나님께서 흙을 뱀의 먹이로 주셨기 때문이다. 범죄한 사람의 육체를 하나님께서는 뱀의 먹이로 내어 주셨음을 의미한다. 뱀의 왕을 용이라고 한다. 용은 바다에서 산다. 사람들은 세상의 왕을 용이라 칭한다. 그러므로 이 세상은 바다임이 드러나게 된다. 우리가 땅이라고 생각하며 살아가고 있는 이 세상은 땅이 아니고 실제로는 깊은 바다 속이라는 것이다.

땅의 입장에서 보았을 때 땅을 생명이라고 한다면 바다는 곧 사망이다. 땅이 살리는 모든 것을 바다는 죽이기 때문이다. 땅에 사는 모든 것은 물을 먹어야 하지만 바닷물을 먹으면 죽게 되어 있다. 그러므로 바닷물은 생명수가 아니고 사망수라 할 수 있다. 바다에도 동물과 식물이 살고 있지만 이들이 땅에 나오면 죽을 수밖에 없다. 땅에 사는 것이 바다에 들어가면 죽게 되는가 하면 바다에 사는 것이 땅에 나오면 곧 죽어 버린다.

땅이 살리는 것을 바다는 죽이고 바다가 살리는 것을 땅은 죽인다. 그러므로 땅과 바다는 함께 할 수가 없다. 바다에서 사는 것과 땅에서 사는 것의 근본적인 차이점은 바다에서 사는 것들은 하늘을 보지 못한다는 것이다. 아니 하늘이 있다는 것 자체를 알지 못한다. 이것은 바닷물 속에서 잠수를 하여 보면 실감할 수가 있을 것이다. 형형색색 기이한 물고기들이 유유히 떠다니고 있는 바다 속의 세상은 참으로 아름답고 신비롭지만 하늘이 보이지 않는다는 것을 하늘을 보면서 땅에 사는 사람들은 알 수가 있기 때문이다.

하늘에 해가 있어서 그 햇볕을 받아야 만이 자신들의 생명이 유지된다는 것을 바다에 사는 것들은 전혀 알지를 못한다. 또한 바다는 자기가 살리는 것의 생명체가 죽었을 때 그것들을 품어 안지를 못한다. 죽은 그대로의 모습으로 내버려 둔다. 그것은 자신 가운데서 사는 것들이 자신의 것이 아니고 땅의 것이기 때문이다. 바다에 사는 것들은 땅에 나와 죽어야 만이 땅으로 영원히 살게 되어 있는 것, 이것이 땅과 바다를 통해 하나님께서 우리에게 주신 구원의 계시이자 원리라는 것을 알 수가 있을 것이다.

우리는 바다에서 살고 있으므로 물고기라야 한다. 물고기가 자신의 본질인 땅이 되기 위해서는 어부의 그물이나 낚시에 걸리거나 낚아 올려놓아져야 한다. 땅으로 건져 올리진 자는 비로소 자신이 땅이라고 생각하며 살고 있던 곳이 땅이 아니고 바다이었음을 알게 된다. 그리고 하늘이란 것이 있고 하늘에는 눈부신 태양이 떠 있어서 땅을 비추고 있음을 보게 된다. 바다에서는 전혀 볼 수 없는 새로운 세상이 있음을 발견하게 된 것이다.

그 땅은 어떤 땅인가?

그 땅이 곧 천국인 것이다. 어부와 태양과 하늘과 땅은 모두 피조물이 아니고 피조물이 아닌 분은 오직 하나님뿐이므로 이들은 모두 천국 곧 예수님을 의미한다는 것을 우리는 알 수가 있을 것이다. 그 땅은 피조물이 아닌 참 땅이므로 안식을 필요로 하지 않은 땅이다. 그 땅은 죄로 인해 죽어야 하는 자들의 죽음을 자신 가운데 넣어서 자신의 모습으로 소생케 한다.

아무리 심한 악취가 풍기는 더러운 자라 할지라도 그 땅에 묻히게 되면 그 땅이 되어서 말끔한 땅 본연의 모습으로 되돌아가게 된다. 땅인 사람의 육체가 땅에 묻이어 땅의 일부가 되듯이 천국에서 온 천국 백성은 천국인 예수님께 들어가서 천국이 되는 것이다.

이같이 땅은 두 종류의 땅이 있다. 하늘이 있는 땅과 하늘이 없는 땅이 그것이다. 하늘이 없는 땅은 지옥이고 하늘이 있는 땅은 천국이다.

우리가 사는 이 땅은 두 가지 의미를 모두 내포하고 있는 땅이다. 우리가 우리의 눈으로 보는 바와 같이 하늘과 땅과 바다를 구분할 수 있다고 생각한다면 우리는 땅이 아니라 바다에 사는 자들이다. 반면에 땅에서 살고 있는 것으로 생각했는데 실제로는 바다에 살고 있는 것이구나 하는 것을 깨달은 자들은 천국 백성이라 할 수 있을 것이다. 왜냐하면 그것은 천국이신 예수님이 알게 하지 않으면 스스로 깨달을 수는 없는 것이기 때문이다.

이 땅을 바다라고 생각한 사람들은 참 땅인 천국을 소망하게 되고 이 땅을 땅이라고 생각한 사람들은 이 땅에 만족하며 이 땅에서 오래 오래 살기를 소망하는 것이다. 그리고 그들의 본질인 땅으로 들어가서 땅과 하나가 되어 땅인 흙으로 돌아가게 되는 것이다. 성경은 이곳을 지옥이라고 한다.

이 땅을 땅이 아니고 바다라고 생각한 사람들은 자신들의 본질은 땅이므로 땅을 먹어야 만이 자신도 그 땅이 되어서 영원히 살게 된다는 것을 알게 된다. 땅은 떡으로 먹는 것이고, 떡은 곧 생명의 떡이신 예수 그리스도인 것이다. 땅이신 예수를 떡으로 먹고 자신도 땅인 예수가 되어서 예수의 몸으로 영원히 사는 것. 이것을 영생한다고 하는 것이다.

이 땅을 바다라고 생각한 사람들이 소망하는 땅과 하늘을 새 하늘과 새 땅이라고 한다. 천국이신 예수님은 땅이 되어서 이 땅에 오셨고 땅들에 의해 죽임을 당하셨다. 그 죽음은 이 땅의 죽음이요 이 땅이 죽어야 새 하늘과 새 땅이 되는 것이다. 새 하늘과 새 땅은 바다에 대비되는 땅이다. 그러므로 그곳에는 이 땅(바다)에 없는 하늘과 빛이 있는 곳이다. 그 하늘과 빛은 전지전능하시어 천지 만물을 창조하신 창조주 우리 하나님 아버지이자 우리의 구세주 예수 그리스도이신 것이다.

땅이 죽는다는 것은 육의 죽음을 의미하는 것이고 육이 죽는다는 것은 영으로서 산다는 것을 의미한다. 영으로 산다는 것은 새 땅이 된다는 것이고 새 땅은 하늘이신 예수님의 몸이 된다는 것이다. 그러므로 성도는 예수님의 몸 즉 새 땅이 되어 부활하게 된다는 것을 알 수가 있을 것이다.

몸이 된다는 것은 머리의 뜻에 따라서 움직인다는 것을 의미한다. 성도가 새 땅으로 부활하게 되면 자신이 선악의 주체가 되어서 행하게 되는 것이 아니고 선악의 주체이신 예수님의 뜻에 따라서 행한다는 것을 알게 되는 것이다. 그렇다고 하여도 아무런 불만과 불평이 없는 자, 이들만이 새 땅이 되어서 예수님과 함께 영원히 살게 된 자들인 것이다. 예수님께서 자신을 가리켜 천국이라 말씀하신 것도 이러한 의미에서였을 것이다.

마태복음 20장 1절 "천국은 마치 품꾼을 얻어 포도원에 들여보내려고 이른 아침에 나간 집 주인과 같으니"에서 천국과 주인을 같은 것으로 하여 말씀하셨기 때문이다. 우리가 사모하는 천국은 어떤 곳인가? 천국이 금은보화로 장식된 삐까뻔쩍 화려한 곳이라는 생각을 막연하게 갖고 있다면 바른 생각인지 숙고해 볼 필요가 있을 것이다. 우리는 예수의 몸이 되었을 때 예수와 함께 영원히 산다는 것을 깨달아 알고 나에게 있는 소망이 오직 예수인지를 자문해 보아야 할 것이다.

3.
율법

컴퓨터의 기본원리는 2진수에 있다.

0과 1의 조합에 의해 만들어진 수를 2진수라고 한다. 불의 꺼짐과 켜짐의 조합에 의해 숫자나 문자 그리고 명령어 등을 대응시키어 연산과 기억을 해내도록 하는 것이 컴퓨터의 기본원리이다. 꺼짐과 켜짐의 단위를 늘려감에 따라서 계산이나 기억 능력이 폭발적으로 증가하게 된다. 뛰어난 계산능력과 기억능력 그리고 여기에 판단 능력까지를 겸비한 컴퓨터는 로봇의 두뇌가 되어서 인간이 처리해야 할 대부분의 일들을 쉽고 빠르게 처리함으로 하여 앞으로 로봇시대가 도래하게 될 것임을 예측케 하고 있다.

고도의 계산능력과 기억능력을 지닌 로봇은 인간의 능력에 도전하기 위해 끊임없이 진화할 것이지만 로봇을 로봇 되게 한 인간의 창의적인 능력에는 도달할 수가 없게 되어있다. 로봇의 원리가 숫자 2에 있는 것과 같이 생명의 원리는 숫자 4에 있다는 것을 알 수가 있다. 생명체의 종류나 특성을 결정짓는 기본단위인 세포내의 DNA는 A(아데닌),G(구아닌),C(시토신),T(티민)등 4개의 염기의 조합으로 구성되어 있다. 이는 하나님께서 숫자 4를 가지고 생명을 창조하셨음을 보여주고 있다. 하나님께서 성 삼위일체를 의미하는 숫자 3과 생명체를 대표하는 사람의 1을 더한 4를 가지고 생명을 창조하셨을 것이라는 데에 비추어 생각해볼 때 하나님의 생명 창조의 목적이 어디에 있는지를 가늠해 볼 수가 있는 것이다.

로봇은 사람을 흉내 내어 만들었기 때문에 사람과 유사하지만 2로 만들어졌기 때문에 4로 만들어진 생명체가 될 수는 없다. 로봇은 사람과 로봇을 합한 수인 2로서 만들어진 것이다. 로봇은 사람이 만들었기 때문에 사람이 하도록 하는 일만 하도록 되어 있다. 그런 의미에서 로봇과 사람은 하나가 되는 것이다. 하나님의 피조물인 사람도 하나님께서 하도록 하는 일만 하도록 창조되어야 마땅하다. 하나님의 형상을 따라서 하나님의 모양대로 창조되었기 때문이다.

그러나 선악과를 따 먹은 인간은 자신이 선악을 판단하는 주체가 되어 왕처럼 행하면서 하나님의 뜻과는 상관없이 살아가게 된 것이다. 하나님께서 사람에게 주신 첫 번째 법이자 금기사항은 선악과를 먹지 말라는 것이었다. 법을 어기는 것에 대한 벌은 죽음이었다. 선악과를 따 먹은 인간은 그 벌로 죽은 자가 된 것이다.

그런데 하나님의 사랑과 능력으로 인하여 죄로 인해 죽은 자는 살아나게 되고, 살아난 자는 하나님의 로봇이 되어서 하나님의 뜻대로 행하도록 하시는 것이다. 이것이 십자가의 능력이자 하나님의 구속이며 살도록 되어있는 자들을 위한 복음인 것이다.

하나님의 백성으로 택함을 입은 이스라엘 백성에게 하나님께서는 십계명이라는 율법을 주셨다. 십계명은 율법을 집약해 놓은 10가지 조항으로서 세목으로 들어가 보면 사람이 지키고는 살아갈 수 없는 법이라는 것을 알 수가 있다. 예컨대 안식일을 지키기 위해서는 안식일에는 그저 숨만 쉬고 살아야 하고, 간음하지 않기 위해서는 여자를 보고 음욕을 품지도 말아야 하기 때문이다.

그러나 하나님께서는 율법과 더불어 율법을 어겼을 때 죄 사함을 받을 수 있는 방법도 함께 주셨다. 즉 속죄제를 드리도록 하신 것이다. 율법은 천국 백성이 되기 위해서는 반드시 지켜내야 할 하나님께서 주신 법이다.

그러나 하나님께서 율법을 주신 것은 율법을 철저히 지켜내도록 하는데 있는 것이 아니고, 율법을 어겼다 하더라도 속죄 받을 수 있도록 하여, 죄를 사해 주신 하나님께 감사와 찬양을 드리도록 하는 데 초점이 있다는 것을 대부분의 이스라엘 백성들은 깨닫지 못했던 것이다. 지키려고 하면 할수록 지키기가 어렵게 되어있는 율법을 다 지켰다고 하는 것 자체가 율법을 어겼다고 고백한 셈이 된다. 이것은 마태복음 19장 20절에서의 부자 청년의 고백을 통해서 명백히 드러나게 된다. 부자 청년은 영생을 얻기 위해서 예수께서 말씀하신 율법을 다 지키었다고 말하였다.

그러나 율법을 다 지키고는 부자가 될 수 없다는 것을 잘 알고 계신 예수님께서는 말씀하셨다. 네 가진 것을 다 팔아 가난한 사람에게 주고 나를 따르라고. 선악과를 먹은 죄인들에게 주어진 율법과 율법의 세목들은 하나님처럼 된 자신들이 거룩하게 되는데 있어서 지키기 힘들지만 반드시 지켜내어야 할 시행법으로 받아들여졌다. 그래서 그들은 성심을 다해 지키려 했었고, 부자 청년과 같은 생각을 가진 바리새인들과 서기관들에게서 볼 수 있는 것과 같이 스스로 지켜냈다고 자부하였던 것이다.

하나님께서는 에덴동산에 선악과와 생명나무라는 특별한 두 그루의 나무를 창조해놓으셨다. 그런데 하나님께서 먹기를 금하셨던 선악과나무는 동산 중앙에 두셨으며, 그 열매는 먹음직도 하고 보암직도 하고 지혜롭게 할 만큼 탐스럽기도 하게 만들어 놓으셨다. 생명나무는 생명되신 하나님 예수 그리스도의 상징물이다. 아담은 하나님과의 생명적 관계를 유지하는 표시로 생명나무 실과를 먹을 수 있었으나 생명적 관계를 유지하기 위해서는 또한 선악과를 먹어서는 안되는 일이었다.
왜냐하면 선악과는 위험표시판과 같은 것이어서 하나님과의 언약 관계를 파괴하지 않고는 먹을 수 없는 일이기 때문이다. 하나님께서 사람을 지으시고 사람으로 하여금 모든 생물을 다스리게 하셨다. 이는 사람이 창조의 중심에 자리하고 있음을 의미한다. 다시 말해서 천지 창조의 목적이 사람을 통해 하나님 나라를 이룩하는 데 있었다는 뜻이다. 이같이 창조의 중심에 서 있는 사람이 선악과를 먹고 바로 죽도록 할 수는 없는 일이다.

그래서 생명나무를 만들어 놓으셨다. 생명나무 실과를 먹여서 죽은 자를 살려내도록 하기 위함이다. 하나님께서는 먹으면 영생할 수 있는 생명나무 실과를 먹이기 위해 지혜롭게 할 만큼 탐스러운 선악과나무 열매를 따 먹도록 나무를 동산 중앙에 만들어 놓으셨던 것이다. 생명나무 실과는 먹으면 영생하는 나무이므로 죄인이 먹어서는 안 된다. 그래서 그룹들과 두루 도는 화염검을 두어 생명나무를 지키게 하셨다. 하나님께서 주기로 작정한 자에게는 그 실과를 먹여서 영생할 수 있도록 해야 하기 때문에 생명나무를 없애지 않으시고 지키게 하신 것이다.

그런데 언제부터인지는 몰라도 선악과나무도 생명나무도 자취를 감추어 버렸다. 죽은 자 중에서 살려낼 자들이 그 실과를 먹고 영생할 수 있도록 그룹들과 두루 도는 화염검으로 지키게 하신 그 생명나무는 지금 어디에 있는 것인가? 그 생명나무는 곧 십자가이며 십자가에 달린 예수가 생명나무 실과인 것이다. 생명나무인 십자가는 그룹들과 두루 도는 화염검으로 하여금 지키도록 하셨다.

그러므로 하나님의 허락 없이는 아무도 그 생명나무에 접근할 수가 없다. 하나님께서는 말씀을 검으로 표현하기도 하신다. 말씀은 은혜의 말씀과 심판의 말씀으로 나뉘게 된다. 그러므로 화염검은 심판의 말씀이자 율법인 것이다. 하나님께서는 더 큰 영광을 위해 먹을 줄 아시고 선악과를 먹지 말라고 하신 것과 같이 지키지 못하리라는 것을 뻔히 아시고 율법을 주시어 지키라고 하신 것이다.

사도 바울의 말을 빌리면 율법은 죄를 깨닫게 하기 위해 주신 것이다. 죄를 깨닫게 되고 끝나는 것이 아니라 죄를 해결할 약속된 메시아를 바라고 기다리게 할 목적이 율법을 주신 목적이다. 지킬 수 없는 율법을 다 지키어 영생할 수 있다고 생각한 바리새인과 서기관 같은 사람들은 화염검의 덫에 걸리어 생명나무 열매를 먹지 못하고 죽을 수밖에 없다는 의미이다.

율법을 지키어 영생할 수 있다고 하는 자들은 그 율법에 의해 심판을 받게 되어 있다. 하나님께서 하나님의 백성에게 요구하시는 단 한 가지는 오직 은혜에 감사하는 일이다. 하나님께서는 죄인인 사람을 살리시기 위해 끊임없이 은혜를 베푸시고 은혜를 받은 죄인들은 받은 은혜에 한없이 감사하도록 하는 것. 그것을 이루기 위해 하나님께서는 율법을 주셨던 것이다.

천국은 세상과 정반대 되는 곳이다. 세상의 왕은 군림하며 섬김을 받으나 천국의 왕인 예수님은 섬기는 왕이다. 세상의 왕은 백성의 것으로 영화를 누리지만, 천국의 왕은 자신의 것을 백성에게 줌으로 하여 영광을 받으시는 것이다. 세상의 왕이 가진 모든 것은 백성으로부터 나온 것이지만, 천국 백성이 가진 모든 것은 천국의 왕인 예수님께로부터 나온 것이기 때문이다.

세상의 의는 사람마다 달라서 의로운 사람과 불의한 사람이 있지만 천국의 의는 오직 하나 예수그리스도의 의만 있는 것이다. 천국 백성은 예수그리스도의 몸에 불과한 것으로서 자신의 의를 주장할 수가 없게 되어 있기 때문이다. 그러므로 자신의 의를 주장하는 자는 천국 백성에 합당한 자가 아닌 것이다.

율법을 지켜낸다는 것은 자신이 주인이 되어 행함의 원천이 자신에게 있다고 생각하는 자들이기 때문에 율법을 지켜 행했다고 하는 자들은 자기 의를 주장하는 자들이고, 이들은 천국 백성과는 거리가 먼 자들인 것이다.

전술한 바와 같이 하나님께서 이스라엘 백성에게 주신 율법은 지켜 행하라고 하여 주신 법이 아니고, 지키지 못하였다고 하더라도 용서하시고 은혜를 베푸시는 하나님께 감사하라고 하여 주신 법이다. 율법은 율법을 완성하신 예수로 먹는 것이고, 예수는 생명나무인 십자가에 달리신 실과인 것이다.

언약궤 안에는 만나 항아리, 십계명 돌판, 그리고 아론의 싹난 지팡이가 들어 있었다. 율법인 십계명 돌판, 말씀인 만나 항아리, 죽은 것에서 싹이 나는 능력의 지팡이 이들은 모두 예수 그리스도를 예표한 것들이다. 다시 말해서 생명나무 실과는 예수이며 우리는 예수를 만나로 먹음으로써만이 영생할 수가 있는 것이다.

예수는 말씀이므로 하나님의 백성들은 매일 생명나무 실과인 말씀을 먹어야 영생할 수가 있다는 것이다. 생명나무 실과는 먹음직도 하고 보암직도 하고 지혜롭게 할 만큼 탐스럽기도 한 선악과나무 열매와는 달리 하나님께서 먹여 주시지 않으면 먹을 수도 없고 먹고 싶지도 않은 구미가 전혀 당기지 않은 과실인 것이다. 하나님의 은혜로 그 실과를 먹게 된 자들은 그 실과가 생명나무 실과라는 것을 비로소 알게 된다.

율법은 무엇인가?
율법은 죄인들이 자신들이 거룩해져서 천국 백성이 되기 위해 철저히 지켜 행하고 싶은 유혹을 느끼도록 하는 법이다. 이런 의미에서 율법은 먹음직도 하고 보암직도 하고 지혜롭게 할 만큼 탐스럽기도 한 선악과나무 열매와 다를 바 없는 것이다.

그러므로 율법을 모두 지키어 행하려는 자들은 선악과나무 열매를 먹는 셈이 된 것이다. 다시 말해서 율법은 생명나무를 지키는 화염검이라 할 수가 있는 것이다. 율법은 모두 지키어 행해야하는 시행법이 아니고 율법을 완성하신 예수로 먹음으로써만이 완성될 수 있다는 것을 알게 하도록 하는 은혜를 주기 위한 법인 것이다.

예수는 생명나무 실과이자 생명의 말씀이며, 그 예수를 먹은 자에게 있어서 예수는 그 마음속에 행위의 주체로서 자리하게 된 것이다. 율법을 완성하신 예수 그리스도께서 행위의 주체가 되었다 함은 율법을 다 지켜 행하였음을 의미한다.

율법은 죄를 비추는 거울인 것이다. 율법이라는 거울에 자신의 행위를 비추어 보고, 그 거울에 비친 자신의 죄가 얼마나 추악한지를 깨닫게 되며, 그 죄를 대신 지고 십자가에 돌아가신 예수 그리스도의 은혜에 감사와 찬양을 드리도록 하는 것. 하나님께서는 하나님의 백성을 택하시고 그들을 말씀으로 양육하시어 이러한 백성으로 만들어 내시기 위해 졸지도 않으시고 주무시지도 않으시며 일하고 계신다.

깨끗한 거울에 비추어 보아야 더러운 것이 잘 드러나듯이 율법의 세목들이 빼꼭히 적혀있는 거울에 비추어 보아야만이 죄가 선명히 드러나게 된다. 십계명의 제 6계명에서부터 제 10계명의 세목인 산상 수훈의 말씀은 죄를 선명히 들여다 볼 수 있는 투명한 거울이라 할 수가 있다.

율법은 또한 은혜의 통로라 할 수가 있다. 율법을 통해서 율법을 지키지 못하면 죽게 되지만 하나님의 은혜로 생명나무 실과인 예수를 먹은 자는 영생하게 된다는 것도 알게 되기 때문이다. 예수께서는 마른 나무가 생명나무가 되어 먹고 영생하도록 하는 그 생명나무의 실과가 되기 위해 십자가에 달리셨던 것이다.

구약에서 하나님께서는 이스라엘 백성이 율법을 어겼을 때 제사장을 통해 죄 사함을 받도록 하셨다. 생명나무 실과인 예수를 먹은 우리 안에는 예수 그리스도께서 거하심으로 하여 우리는 예수와 하나가 되어 율법이란 거울에 비친 모든 죄의 값이 이미 치러졌음을 알게 된다.

성삼위일체인 예수와 하나 된 우리는 완전한 4가 되어 창조의 목적에 부합한 자가 된 것이다. 처음의 4로서 육체가 만들어졌다고 한다면 다음의 4로는 영혼이 완성되어지기 때문이다.

'우리에게 생명나무 실과를 먹여주신 하나님, 우리 아버지께 엎드려 경배하며 감사와 찬양을 드립니다. 할렐루야 아멘.'

4.
말과 소리 ─생명을 찾아 가는 묵상의 길─

학교 종이 땡땡땡 어서 모이자. 초등학교 시절 이 런 동요를 부르며 자란 세대가 있다. 당시에는 학교마다 종을 매달아놓고 급사라는 직분을 준 사람에게 수업의 시작이나 끝, 그리고 전교생이 운동장에 모이라는 것 등을 알리는 종을 치도록 하였다. 내 기억으로 두 번씩 간격을 두고 치면 수업 시작을 세 번씩 간격을 두고 치면 수업의 끝을 그리고 여러 번을 반복하여 치면 전교생 운동장에 집합을 의미하였다.

그러나 수업의 시작이나 끝, 그리고 전교생 모임 등을 알리기 위해 종을 치는 수는 학생과의 약속이기 때문에 학교마다 정하기 나름이다. 이는 소리에 약속이 들어감으로 하여 언어가 되는 한 예이다. 같은 언어를 사용하는 사람들끼리 의사를 주고받는 수단이 읽고 쓰고 말하기라 할 수 있다. 언어가 다른 사람들 사이의 말은 무슨 뜻인지 알아들을 수가 없기 때문에 의미 없는 소리에 불과하다. 말은 사람의 입을 통하여 나오는 소리이지만 말이 말 되기 위해서는 같은 언어를 사용함으로서만이 가능한 것이다.

　같은 언어를 사용하는 사람들도 알아듣지 못하는 말이 있는데 이것을 방언이라고 한다. 우리나라에서도 지방마다 같은 것을 다르게 말하는 사투리가 있는데 이것이 곧 방언이다. 영어를 말하는 사람과 한국어를 말하는 사람과의 말은 무슨 뜻인지 알아들을 수가 없으므로 서로에게 있어서 방언이 되는 것이다.

　언어가 다른 사람과 함께 있는 것 보다 더한 고역은 없을 것이다. 하나님을 대적하는 데 힘을 모으고 있는 사람들을 흩으시는 데 있어서 언어를 다르게 하는 것 이상 더 확실한 방법은 없었을 것이다.

　그러므로 하나님께서는 구음이 하나였던 사람들의 입을 뒤틀어서 서로 알아듣지 못하게 함으로 하여 뜻을 알아듣는 소리를 내는 사람들끼리 흩어져 살도록 하셨던 것이다.

　언어가 다른 사람간의 대화는 통역을 통해서 가능한 일이지만 말소리는 알아듣는데 말이 통하지 않은 경우의 문제는 쉽게 해결이 되는 성질의 것이 아니다. 말이 통하지 않은 사람과의 대화는 피곤하고 지루하여 빨리 헤어지고 싶을 뿐 더 이상 함께하고 싶지 않을 것이다.

　말소리는 알아듣는데 말이 통하지 않은 경우는 서로의 관점이 다르기 때문일 것이다. 적절한 예가 될는지 모르겠으나 아내는 지금 의학 전문대학원에 다니고 있는 둘째 아이가 어렸을 적에 이를 닦는 시점을 지도하면서 답답했던 경험을 말하곤 한다. 이는 식사 후에 닦아야 한다고 반복하여 가르쳤음에도 불구하고 이 닦는 시점을 물어보면 식사 전에 닦는다고 답을 했다는 것이다. 음식물 찌꺼기가 입에 남아 있으면 이가 썩어간다는 사실을 아이에게 설명하기가 쉬운 일은 아닐 것이다. 아이의 입장에서 생각해 보면 이를 닦는 이유가, 손을 씻은 후 식사를 하듯이, 식사 전에 입을 깨끗이 하고 밥을 먹어야 하기 때문이라고 생각하는 것이 자연스러울 것이다. 엄마와 아이가 소통이 되지 않은 것은 서로의 관점이 다르기 때문이었을 것이다.

소통하기가 극히 어려운 경우 아니 소통이 불가능한 경우 중 하나가 창조를 믿는 사람과 진화를 믿는 사람들 간의 소통일 것이다. 그런데 창조를 믿는 사람들 간에도 소통이 되지 않은 경우가 드물지 않는데 이것이 문제이다. 이는 창조의 목적에 대한 관점이 다르기 때문일 것이다.

하나님께서 창조하신 것은 우리 눈에 보이는 이 세상 그리고 우리의 눈으로 볼 수 없는 천사들과 우리의 영혼 등이 그것이다. 우리 눈에 보이는 이 세상은 유한한 것이고 눈에 보이지 않은 것은 영원한 것이다. 영원한 것 중에서 없어져야 할 것이 있는데 잘 알다시피 이들은 타락한 천사들로서 사탄 또는 마귀라 부르는 것이다.

분명한 것은 눈에 보이는 것이나 보이지 않은 것이나 존재하는 모든 것은 하나님의 피조물이라는 것이다. 사람은 눈에 보이지 않은 피조물인 영혼을 눈에 보이는 피조물인 육체 가운데 넣어서 창조하신 독특한 피조물로서 하나님의 지혜가 여기에 모아져 있음을 알 수가 있다.

하나님을 배반한 사탄은 사람에게 접근하여 하나님이 먹지 말라고 하신 선악과를 따 먹도록 하였다. 선악과를 먹으면 눈이 밝아져 선악을 판별할 줄 알게 되어서 하나님과 같이 된다는 사탄의 꼬드김에 넘어간 것이다. 그 말은 곧 사람이 선악과를 따 먹기 전에는 눈이 어두워서 선악을 판별하지 못하였음을 의미한다. 보이는 것을 선과 악으로 나누어서 보는 것이 아니고 보이는 그대로 받아들이는 것이 선악을 판단하는 눈이 어둡다는 의미였을 것이다.

하나님의 명령을 어기고 선악과를 따 먹은 아담과 하와는 에덴에서 쫓겨나 마귀의 종으로 살아가게 된다. 마귀는 자신의 정체를 철저히 숨긴 채 사람의 사고 영역을 눈에 보이는 것에 제한하도록 하여 스스로 선악을 판별하면서 육신의 정욕과 안목의 정욕과 이생의 자랑을 위해 몸과 마음을 바치도록 이끌어 간다. 전지전능하신 하나님께서 자신의 피조물인 마귀의 계략을 모르실 리가 없다. 선악과를 따먹게 하는 것도 선악과를 따 먹었던 것도 하나님의 예지를 뛰어 넘을 수는 없는 일이다.

그래서 창세전에 미리 마귀의 손아귀에서 건져 낼 하나님의 자녀들을 예비해 놓으셨다. 이들을 위해 마련하신 땅이 곧 새 하늘과 새 땅인 것이다. 새 하늘과 새 땅은 하나님의 백성들과 하나님이 함께 거할 우리의 눈에 보이지 않은 땅이다. 하나님이 세상을 보시는 관점은 창세전에 예비하신 자신의 백성들을 원수의 팔에서 구해 내어 거룩하게 하고 새 하늘과 새 땅 곧 천국으로 인도하시는 데 있을 것이다.

　이것은 분명 눈에 보이는 세상이 전부인 것으로 알고 생로병사를 자연의 섭리로 받아들이면서 이 세상에서 부귀영화를 누리며 사는 것을 인생의 목적으로 하여 살아가고 있는 세상 사람들의 관점과는 확연히 다른 것이다.

　하나님의 은혜로 마귀의 속박에서 풀려나게 된 하나님의 백성들은 자신들이 하나님과 함께 살게 될 보이지 않은 세계가 있음을 알게 되고 하나님의 관점을 이해함으로 하나님과 소통할 수 있는 근거를 확보하게 된 것이다. 이러한 사람을 새로운 피조물이라고 하신다. 창조는 눈에 보이는 이 세상이고 6일 만에 완성하셨다. 창조의 목적은 천국이고 이것을 완성하기 위한 기간은 창세부터 종말까지로서 인류의 역사 내내 점진적 발전으로 이루어졌고 또 이루어질 것이며 완성된 것이다.

　하나님을 믿는다고 하는 사람들이 이러한 사실을 알지 못한다면 하나님을 믿지 않은 사람들과 크게 다를 것이 없을 것이다. 그들의 눈이 보이는 것만을 보기 때문에 보이지 않은 것에 대한 답답함을 전혀 느끼지 못한다.

예수님 말씀대로 본다고 하니 장님인 것이다. 하나님의 선택을 받지 못한 사람들은 진리를 눈에 보이는 것만을 대상으로 하여 알아내려고 하기 때문에 진화론의 신봉자가 될 수밖에 없는 것이다. 진화론은 무엇인가?

불과 물과 바람에 시간이 충분히 주어지면 저절로 생명체의 기본 단위인 세포가 만들어진다는 이론이다. 하찮은 물건도 사람의 지혜가 들어가지 않고서는 만들어진 것이 없는데 그 신비로운 세포가 저절로 만들어질 수가 있다는 말인가? 그것도 최고의 두뇌를 자랑하며 최고의 과학을 한다고 하는 사람들이 의심의 여지없는 사실로 받아들이고 있으니 무언가에 의해 강하게 붙들려 있지 않고서야 있을 수 없는 일이다.

우리는 불과 물과 바람이 성령을 상징한다는 것을 말씀을 통해 잘 알고 있다. 생명을 만들어 내는 것은 눈에 보이는 불과 물과 바람이 아니고 보이지 않은 물과 불과 바람이신 하나님의 능력 곧 하나님의 말씀인 것이다. 진화론자들이 홀려있는 것은 보이지 않은 물과 불과 바람의 능력으로 생명이 창조되었음에도 불구하고 보이는 물과 불과 바람에 의해 저절로 생명이 탄생되었다는 것이다. 알고 보면 이것도 이상할 것이 없다. 인간의 능력을 최고로 만들기 위해서는 이같이 받아들이는 길 이외에 다른 방법이 없을 것이기 때문이다.

하나님의 계시는 일반계시와 특별계시가 있다.

일반계시는 인간의 능력과는 비교할 수 없는 무한한 지적 능력을 가지신 하나님이 창조하시지 않으면 존재할 수 없는 질서와 법칙이 내재되어 있는 자연계를 통한 계시이고, 특별 계시는 하나님의 백성에게만 주신 하나님의 말씀인 성경인 것이다.

성경은 하나님의 선택을 받지 못한 백성들은 알아듣지 못하도록 소리로 기록되어 있다. 글은 말을 그림으로 나타낸 소리이다. 그러므로 글을 읽는다는 것은 소리를 듣는다는 것과 마찬가지이다. 하나님이 눈을 열어주지 않으시면 자연계시를 통해 하나님을 볼 수 없는 것과 마찬가지로 하나님이 귀를 열어주지 않으시면 특별계시인 성경을 통해 하나님의 말씀을 들을 수가 없게 되어 있다.

눈에 보이는 것을 본다고 하니 소경인 것과 마찬가지로 귀에 들리는 것을 듣는다고 하면 귀머거리인 것이다. 하나님이 들려주지 않은 자 즉 하나님의 선택을 받지 못한 자들은 하나님의 말씀을 들리는 대로 듣게 되어 있다. 이것을 성경을 문자적으로 해석한다고 표현한다.

들리는 대로 듣는 자들은 말씀에 함유된 하나님의 진의를 알지 못하기 때문에 하나님과 소통할 수가 없다. 종소리를 들리는 대로 듣는 자들에게는 그저 종소리에 불과하지만 약속이 되어있는 자들에게는 언어로 들려서 소통할 수 있는 것과 마찬가지 이치이다. 들리는 대로 들으면 들리는 대로 행하게 되고 이러한 행위는 하나님과는 아무 상관이 없는 세상적인 행위에 불과하게 되는 것이다. 말씀으로 듣는 자들 즉 말씀을 먹는 자들은 성경을 들리는 대로 들으려고 하지 않는다.

그래서 그들은 말씀에 대한 갈증을 느끼게 되어 있다. 갈증이 심할 때 생수를 찾는 것과 같이 말씀에 목마른 자들은 생수를 구하게 되고 생수이신 예수님께서는 그들에게 영원토록 목마르지 않은 생수를 부어 주신다. 육신을 위한 생수는 유한한 것을 위한 것이지만 영혼을 위한 생수는 영원한 것을 위한 것이기 때문에 영원토록 목마르지 않는 생수라고 하신 것이다. 생수는 곧 어떤 것도 섞이지 않은 진리의 말씀 곧 복음이며 생수를 먹은 자들은 그 어떤 것에도 흔들리지 않은 믿음을 소유하게 된 자들이다.

말씀을 소리로 듣는 자들은 하나님과 소통이 되지 않기 때문에 하나님과 함께 있고 싶어 하지 않는다. 하나님은 말씀이고 말씀은 성경이므로 하나님과 함께 하고 싶지 않다는 말은 성경이 보고 싶지 않다는 것을 의미한다. 말씀을 들리는 대로 들으면 잔소리로 들리고, 하고 싶지 않은 일을 하라고 하기 때문에 자연 성경을 멀리하게 되는 것이다.

말씀을 진리로 들으면 말씀을 명령으로 듣지 않고 하나님께서 행하신 일로 듣기 때문에 듣던 말도 반복해서 다시 듣고 싶은 것이다. 성경을 들리는 대로 들으면 육체를 위한 가르침에 불과하기 때문에 논어나 불경과 다를 바가 없다.

성경은 육체적 생명을 위한 책이 아니고 영원한 생명을 위한 책이다. 그러므로 말씀에 함유된 영적인 의미를 찾아내지 못한다면 육체를 위한 가르침에 불과하게 되어 성경의 목적과는 별개의 것이 된다는 것을 알아야 한다.

하나님께서 사람을 만드시고 "생육하고 번성하여 땅에 충만하라, 땅을 정복하라, 바다의 고기와 공중의 새와 땅에 움직이는 모든 생물을 다스리라"고 말씀하셨다. 마치 하나님께서 사람에게 명령하시는 것으로 들리지만 이것은 모두 하나님께서 이미 그렇게 되도록 만물을 창조해 놓으셨음을 깨달아 알도록 하시는 말씀이라는 것을 알 수가 있을 것이다.

율법을 한마디로 요약하면 "하나님을 목숨처럼 사랑하고 이웃을 내 몸과 같이 사랑하는 것"(누가복음 10:27)이다. 이 말씀을 깊이 묵상해 볼 필요가 있다. 이 말씀은 구원을 받은 우리의 모습, 즉 예수 그리스도가 우리의 머리가 되고 우리가 예수의 몸이 되어 있는 완성된 천국의 모습!

이 그림을 말씀으로 표현해 놓았음을 알 수가 있을 것이다. 이것은 우리의 행위로 완성되는 것이 아니고 십자가의 피로 이미 완성되어 있는 새 하늘과 새 땅이며 우리는 그 땅을 향하여 끌려가고 있는 것이다.

오른손도 왼손도 몸의 일부일 뿐 행위의 주체는 머리인 것과 같이, 예수의 몸이 된 우리의 행위의 주체는 우리의 머리이신 예수 그리스도이므로 오른손도 왼손도 자신이 하는 일을 알지 못하는 것이다. 이런 진리를 사도 바울은 갈라디아서 2장 20절에서 "이제는 내가 사는 것이 아니라 내 안에 그리스도께서 사신다"라고 고백하고 있다.

성경은 우리를 창조하시고 영원한 생명의 길로 인도하시는 하나님의 계획을 하나님의 백성에게 알도록 하기 위한 책이다. 영원한 생명은 보이지 않은 생명이다. 보이지 않은 생명은 예수 그리스도이시다. 그러므로 우리는 성경을 통해 하나님께서 우리에게 보이지 않은 생명이신 예수그리스도를 주시기 위한 지혜와 능력과 은혜와 사랑이 얼마나 크고 깊고 넓은지를 깨달아 알아야 할 것이다. 또한 이것이 성도가 성경을 대하는 관점이 되어야 할 것이다.

5.
물

지난 추석 무렵 NASA로부터 화성에 액체 상태의 소금물이 흐른다는 발표가 있었다. 화성에 물이 있다는 것은 생명체가 존재함을 의미한다. 물에서 생명체가 저절로 만들어진다는 것이 진화론의 핵심이기 때문이다. 화성에 물이 흐르고 있으니 당연히 아메바와 같은 단세포 생물에서 시작된 여러 가지 생물이 살고 있어야 한다.

기독교인들은 하나님이 천지 만물을 창조하셨음을 믿고 있다. 이와 마찬가지로 진화론자들은 진화론을 진리인 것으로 철석 같이 믿고 있는 것이다. 우주의 생성 원리 또한 빅뱅이론에 의한 것이고 백억도 이상의 고온이 주어진 가운데 순간적인 팽창에 의해 우주가 생성되었다고 보는 것이 진화론을 믿고 있는 과학자들의 정론으로 되어 있다.

참이라는 것이 검증 되어 있지 않은 주장을 이론이라고 한다. 그러므로 진화론은 진리가 아니고 이론일 뿐이다. 우주의 생성원리나 생명의 기원에 대한 주장 중 진화론 아니면 창조론 둘 중 하나는 진리일 것이다. 진화론은 찰스 다아윈이 만든 이론으로서 나름대로의 충분한 논리가 확보된 이론이다. 과학자들에게 믿음을 줄 정도의 정교한 논리가 뒷받침된 이론이기 때문이다. 창조론은 논리가 없는 이론이다. '자연계에 존재하는 모든 것은 하나님이 창조하셨다.' 하는 것이 하나님의 말씀이자 창조론인 것이다.

그러므로 창조론은 예수를 그리스도로 믿어 새로운 피조물로 재창조함을 받아 창조주 하나님의 존재에 대한 믿음에 의해서만 인정될 수가 있다.

진화론을 주장하는 사람들은 자신의 지적 능력과 지식을 자랑할 수 있으나 창조론을 믿는 사람들은 단지 하나님이 창조하셨다고 말씀하셨기 때문에 그렇다고 믿을 뿐이다. 그러므로 진화론을 주장하는 사람들의 눈에 창조론을 믿는 자들이 어리석게 보일 수밖에 없을 것이다.

그런데 어느 것이 진리일 것인가에 대한 가능성에 있어서는 단연 창조론이 더 우위에 있는 것이 진화론은 사람의 주장이고 창조론은 하나님의 말씀이기 때문이다. 그러므로 결국 진화론이 맞느냐 창조론이 맞느냐 하는 문제는 하나님이 존재하느냐 그렇지 않느냐의 문제로 귀착됨을 알 수가 있다.

하나님이 존재한다면 하나님의 말씀에 의해 세상이 창조되었다는 것 또한 진리일 것이고 하나님이 존재하지 않는다면 사람의 논리에 의해 확립된 진화론이 사실일 것이기 때문이다.

진화론의 핵심은 생명이 물에서 자연 생성되었다는 것이고 이를 바꾸어 표현하면 서양철학의 아버지 탈레스처럼 물이 생명을 창조한 것으로 되어 있다. 물을 성령으로 바꾸기만 하면 창조론의 주장과 일치함을 알 수가 있다. 물은 참물 곧 말씀이신 예수 그리스도의 피조물일 뿐 아무런 능력이 없음에도 불구하고 진화론자들은 물이 대단한 능력을 갖고 있는 것으로 믿고 있는 것이다.

창조의 셋째 날 하나님께서는 마치 계란의 노른자위와 같이 물 가운데 감싸여져 있는 흙덩어리에서 물을 갈라내어 하늘과 땅이 있어 생물들이 살아 숨 쉴 수 있도록 하는 현재의 지구를 만들어 내셨다. 이것은 흡사 하나님께서 알에서 지구를 깨어내고 있는 모습을 연상케 한다.

지표면의 약 삼분의 2가 바다(물)이고 삼분의 1이 육지(흙)로 되어있는 지구는 몸의 삼분의 2가 물로 되어있는 사람과 유사하다는 것을 알 수가 있다. 하나님께서는 물과 흙을 약 7대 3의 비율로 섞어서 사람을 만드셨다. 우리의 모양을 따라 우리의 형상대로 사람을 창조하자 하신 말씀에 비추어 생각해 볼 때 성부(30% 살과 뼈) 성자 성령(70% 물) 의 몫을 균등하게 배분한 성 삼위일체 하나님의 존재 형태와 우리의 몸이 무관치 않음을 알 수가 있다. 놀랍게도 지구와 사람과 하나님은 동질적인 요소를 지니고 있음을 알 수가 있다.

하나님께서는 우리의 몸이 죽는다고 해도 혼은 죽지 않고 영원히 산다고 말씀하신다. 이와 마찬가지로 우리의 육체를 담고 있는 이 지구는 종말을 향해 달려가고 있고 종말이 오면 이 지구는 새 하늘과 새 땅으로 거듭나게 된다는 것이다. 여기서 우리는 우리의 육체를 살아가게 하는 지구와 우리의 영혼이 살게 되는 새 하늘과 새 땅이 서로 대조를 이루고 있는 모습을 발견할 수 있을 것이다. 다시 말해서 지구는 땅이자 천국 곧 예수 그리스도를 예표하고 있음을 엿볼 수 있게 된다. 우리의 육체는 우리와 함께 죽어가고 있는 이 땅에서 살고 있지만 육체가 다한 후 우리의 영혼은 새 하늘과 새 땅인 예수 그리스도 안에서 영원히 살게 될 것이기 때문이다.

우리 몸에 70%의 물을 유지하기 위해서는 수시로 물을 보충하여야 하는 바 이를 위해 나타난 현상이 갈증 증상이다. 갈증을 통해 우리는 시원한 맑은 물을 찾게 되어있다. 과거 농경 사회에서 사람들은 생수만을 식수로 사용하였다. 생수는 갓 태어난 물 즉 샘물을 의미한다. 생수는 산에서 태어난다. 심산유곡 나무뿌리에서 생겨난 생수는 계곡을 적시고 개울을 지나 큰 강이 되어 바다로 흘러 들어간다. 강물의 발원지는 산이므로 큰 강 뒤에는 큰 산이 있음은 당연한 이치이다. 이런 의미에서 산과 강은 하나이다. 물 중의 물은 생수이고 생수는 생명의 단비가 되어 우리의 육체를 촉촉이 적셔준다.

우리의 육체는 무엇인가? 그것은 곧 우리의 영혼의 표상이다. 생수는 무엇인가? 그것은 예수 그리스도를 의미한다. 우리의 육체에 생수를 부어야 우리의 몸이 살아가듯이 우리의 영혼을 예수 그리스도로 충만하게 함으로 우리 영혼이 살아가게 되어 있다. 우리 영혼의 70%는 물과 성령이신 예수 그리스도가 되어야하므로 성도는 성령의 갈증을 느끼도록 되어 있고 그 물을 마시며 살아가는 것이다.

생수가 산에서 태어나듯이 생명의 말씀(생명수)은 산이신 예수 그리스도에게서 나오는 것이다. 그것을 예표하기 위해 예수님께서는 산에 오르시어 말씀을 흘러내리셨는데 이것이 곧 산상수훈이다. 예수님께서 올라야할 산은 없다. 왜냐하면 예수님 자신이 산이기 때문이다. 예수님은 자신이 산임을 보이기 위해 십자가에 달리셔야 했고, 십자가에 달리심으로 하여 산이신 예수께로부터 생명수가 터져 나오게 된 것이다. 그러므로 산상 수훈은 예수님의 피이며 그 피는 생명수이고 그 피를 마시는 자만이 목마르지 않고 영원토록 살게 되는 것이다. 예수님은 산이요 물이며 우리의 생명이 되신 것이다.

물이란 액체 상태의 물을 의미하지만 여건에 따라서 고체인 얼음과 기체인 수증기로도 존재한다. 수증기는 보이지 않은 물이다. 보이는 물이 예수 그리스도라고 하면 보이지 않은 물은 성령 하나님이라고 할 수가 있다. 물은 말씀이고 말씀은 예수 그리스도이다. 예수 그리스도의 영인 성령 하나님은 우주를 가득 채우고 있는 무소부재하고 전지전능하신 하나님이시다.

말씀이란 무엇인가? 말씀은 생각이고 생각은 그림이나 음악으로도 나타낼 수가 있다. 그러므로 말씀이란 하나님의 생각일 뿐 물과 같이 모양도 없고 형체도 없는 것이다. 하나님께서는 무소 부재하심과 전지전능하신 능력으로 세상을 창조하셨다. 전지전능하심이란 모르시는 것이 없으며 생각하신 모든 일을 이루실 수 있음을 의미한다. 무소 부재하심이라는 것은 하나님의 영은 우주를 가득 채우고도 남음이 있음을 의미한다. 하나님은 한분이시나 무한히 많은 한 분이시다. 그 하나님은 내 안에도 계시고 너 안에도 계신다. 달에도 계시며 별에도 계신다. 무수히 많은 생명체와 하늘의 별들도 하나님의 눈을 피할 수는 없다. 하나님은 항상 그들 가운데 계시기 때문이다.

우주는 얼마나 큰지 사람의 능력으로 그 크기를 알 수가 없다. 지금까지 알려진 우주의 크기만 해도 어마 어마하다. 태양과 같이 스스로 빛을 발하고 있는 별을 항성이라고 하며 항성의 주위를 돌고 있는 별을 행성이라고 한다. 우리가 살고 있는 태양계를 포함하고 있는 은하계에는 수천억 개의 항성이 있다고 하며 우주는 5차원의 구조로 되어 있고 우주에는 이러한 은하계가 수천억 개 존재 한다고 한다. 우주의 크기는 어느 정도인가? 빛의 초속은 30만 킬로미터이고 빛이 1년간 간 거리가 1광년이다. 우주의 크기는 약 930억 광년이라고 하니 가히 상상을 초월한다.

그런데 놀랍게도 그 많은 별 들 중에 지구 이외에는 물이 있는 별을 아직 발견하지 못했다는 것이다. 최근 화성에 물이 있음을 발견하였다고는 하지만 조금 더 확실한 검증이 필요할 것으로 생각된다. 물이 있다면 생명체도 함께 있어야한다. 하나님을 믿지 않은 과학자들은 진화론을 진리로 받아들이고 있기 때문이다. 과학 교과서에서 진화론이 진리인 것으로 배워 세뇌된 대부분의 무신론자들의 생각도 마찬가지이다. 예수 그리스도와 생명이 같다는 것과 어쩌면 그렇게도 일치하는 것인지 신기할 따름이다. 지구에는 그렇게도 풍부한 물, 그 물이 존재하는 별이 없다는 것이 믿어지지 않을 것이다. 그러므로 하나님을 믿지 않은 과학자들은 우주에 지구와 같이 물과 생명체로 충만한 별이 수도 없이 존재할 것으로 확신하고 있는 것 같다. 이러한 확신 가운데 드디어 지구보다 수십 배 더 큰 지구를 닮은 별을 발견하였다는 주장이 나오기도 하였지만 알 수 없는 이야기이다.

하나님께서는 하나님의 능력의 광대하심을 그 크기를 가늠할 수 없는 우주 가운데 나타내셨다. 그런데 하나님의 능력의 위대하심은 우주에서 보다 사람 가운데 드러나 있다. 인체의 신비함이란 우주의 크기에 비할 바가 아니기 때문이다. 지구 밖에서 물이 있는 별을 찾아내는 것은 하늘의 별과 같이 많은 사람 중에서 물이 있는 사람을 찾는 것과 다름이 없다. 그 분은 오직 한분 성령으로 잉태하신 예수 그리스도뿐이기 때문이다. 물이 있는 별을 찾았다고 한들 무슨 의미가 있을까? 그러나 물이 있는 사람을 찾았다면 그 물을 먹고 영원히 살게 되는 행운을 거머쥐게 되는 것이다.

예수님은 물이 충만한 별이자 지구와 같은 분이신 것이다. 지구에서 물을 먹고 생명체가 자라나듯이 예수 그리스도 안에서 물을 먹고 천국 백성이 살아가게 되는 것이다. 그러므로 새 하늘과 새 땅은 다름 아닌 예수 그리스도 자신인 것이다. 겨자씨 같이 작은 예수 그리스도께서 십자가에 달려 죽으심으로 하여 수많은 새들이 깃들일 수 있는 거대한 나무가 되신 것이다.

하늘의 별과 같이 물이 없는 사람들 중에 오직 한분 물로 잉태하신 예수 그리스께서는 물로 충만한 천국이 되시기 위해 십자가에 달리시어 돌아가신 것이다. 진화론이나 창조론 모두 물이 생명의 근원임을 주장하고 있다. 그런데 진화론이 주장하는 물은 참 물이 아니고 참물은 우리의 육체와 영혼을 만드신 예수 그리스도라는 것을 아는 것이 지식의 근본이 되어야 하는 것이다.

수면위에 운행하시면서 하나님께서 천지를 창조하신 모습이 창세기 1장 2절에 그려져 있다. 이 그림을 보면서 하나님께서 지구와 물을 창조하셨음을 말씀가운데 포함하지 않은 이유는 지구와 물은 하나님 자신을 상징하기 때문에 그런 것은 아닌가 하는 생각을 해보기도 한다.

지구와 물은 하나님의 나라를 상징하며 하나님의 형상을 닮은 우리도 지구와 흡사하여 하나님의 성령 곧 예수 그리스도께서 우리 안에 거하시는 하나님의 나라가 된 것이다. 예수님께서는 이것을 "내가 너희 안에 너희가 내 안에 거한다(요 14:20)"고 말씀하셨다. 예수님께서는 우리 몸에 거하시고, 우리의 영혼은 예수님 안에 거하게 되는 것. 이것이 곧 천국 백성이 된 우리의 모습인 것이다.

이 같이 구원 받은 성도의 몸은 생명수 예수 그리스도가 흘러 들어와 물 댄 동산 같이 되어 사시사철 열매를 맺는 각종 나무와 각종 꽃나무들로 가득한 땅 천국이 되는 것이다. 하나님께서 하시는 일은 이러한 하나님의 나라를 확장하는 일이고, 이 일을 우리를 통해 이루고 계시는 것이다. 그러므로 사람들은 물이 있는 별을 찾으려는 허탄한 생각에서 벗어나 영원히 목마르지 않은 샘물인 사람 곧 예수 그리스도를 찾는 일에 몸과 마음을 바쳐야 할 것이다.

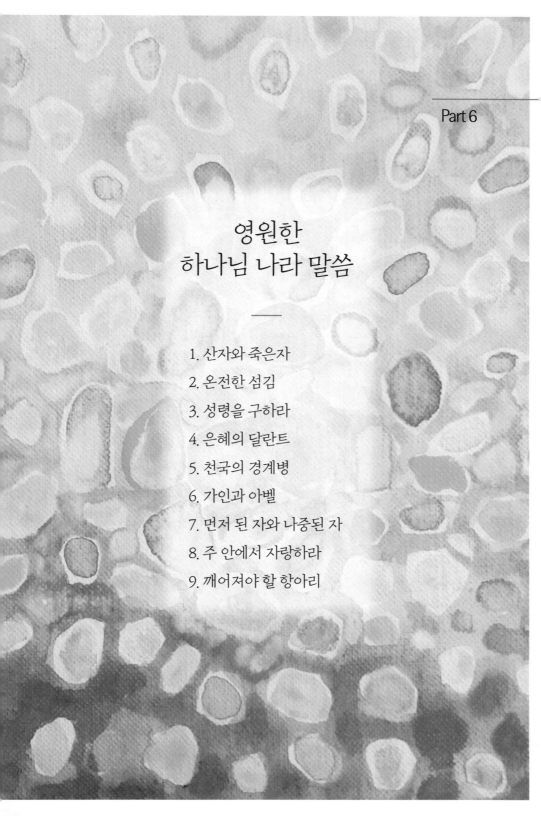

영원한
하나님 나라 말씀

1.
산자와 죽은자

"제자중에 또 한 사람이 이르되 주여 내가 먼저 가서 내 아버지를 장사하게 허락 하옵소서. 예수께서 이르시되 죽은자들이 그들의 죽은 자들을 장사하게 하고 너는 나를 따르라 하시느니라"(마태복음 8:21-22)

하나님께서는 사도행전 13장 22절에서 내가 이새의 아들 다윗을 만나니 내 마음에 합한 사람이라 내 뜻을 다 이루게 하리라고 하셨다. 신약과 구약의 본문을 비교해 볼 때 사무엘서에서 다윗이 하는 말은 마태복음에서 예수님이 하시는 말씀의 그림자와 같은 느낌을 받을 수가 있다.

본문에서 제자 중 하나가 아버지의 부고를 받은 후, 말씀드리면 당연히 보내 줄 것으로 알고 예수님께 아버지를 장사하고 오겠다고 하였다. 그런데 전혀 뜻밖에도 예수님께서는 의외의 답변을 하신다. 죽은 자는 죽은 자로 하여금 장사 지내게 하고 너는 나를 따르라는 것이다. 이 말씀을 세상적인 귀로 들으면 오해할 소지가 충분히 있다. 그러나 예수님은 이 말씀을 통해 우리에게 큰 교훈을 주고 있다.

여기서 죽은 자라고 하는 것은 두 가지 의미로 쓰여 있음을 알 수 있다. 한 가지는 육체적으로 죽은 자이고, 또 하나는 영적으로 죽은자라는 것이다. 영적으로 죽은 자들의 특성은 무엇인가? 죽은 것에 매달리고 죽은 것을 아쉬워하며 죽은 것에 집착하여 좌절하는 경우까지 볼 수 있는데 이러한 것을 죽은자들의 특성이라 할 수 있다.

그러나 산자의 특징은 무엇인가?

바로 다윗과 같이 살리기 위해 최선을 다하는 것이다. 다윗의 생에 있어서 최대의 실수는 충신 우리야의 아내 밧세바와 간통하여 밧세바로 하여금 임신하도록 한 것이었다. 아이로 인해 밧세바와의 간통 사실을 숨길 수 없게 되자 다윗은 우리야를 사지로 내몰아 죽음에 이르도록 하였다. 이러한 죄를 용서치 않으시고 하나님께서는 선지자 나단을 통해 간통하여 생긴 아이를 죽이겠다고 말씀하셨다. 하나님께서 아이를 치심으로 아이가 심히 앓게 됨에 따라 다윗은 금식하고 하나님께 아이를 살려달라고 엎드려 간구하였으나 일주일 만에 아이는 죽게 된다. 아이가 죽자 다윗은 그것을 하나님의 확고한 뜻으로 받아들이고, 식사도 하며 정상생활로 돌아오고 있는 장면을 본문에서 기술하고 있다.

아이의 죽음을 대하는 다윗의 의연한 태도를 신하들로서는 이해하기 힘들었을 것이다. 그래서 그에 대해 다윗에게 질문하였고 이에 대한 다윗의 답변은 마태복음에서 예수님이 하신 말씀과 일맥 상통하다는 것을 알 수가 있게 된다.

즉 죽은 자는 죽은 것에 매달리지만 산자는 살리기 위해 최선을 다한다는 것이다. 여기서 우리는 생각해 볼 필요가 있다. 과연 우리는 산자의 삶을 살아가고 있는 것인가? 버스 지나간 뒤에 손을 들고 있는지 엎질러진 물을 다시 담으려고 헛된 수고를 하고 있지는 않은지 우리의 삶을 점검해 보아야 할 것이다.

우리는 우리 자신도 모르게 되돌릴 수 없는 과거에 대해 집착하는 경우가 많이 있다. 내가 그 때 그러지만 않았더라도 이렇게 되지는 않았을 것인데 하면서 이미 놓친 것, 잃은 것 등 죽은 것들을 붙잡고 살아가는 경우가 많이 있음을 발견하게 된다. 그런데 이같이 가정함으로 인해 생긴 것은 죽은 것이고, 죽은 것에 집착하며 살아가는 것은 죽은 자 들에게 주어진 삶의 방식이라는 것이다.

그러면 산자들은 어떠한 사람들인가?

첫째, 죽을 것을 죽이며 사는 사람들이다. 사도 바울과 같이 자신이 가진 부와 명예와 권력을 배설물로 여기고, 날마다 죽어야 하는 것이다. 한알의 밀알이 썩어야 많은 열매를 맺는 것과 같이 우리의 육체를 죽여야 영혼이 살면서 많은 열매를 맺을 수 있다.

둘째, 죽은 것을 거름 삼아 살리기 위해 최선을 다하는 사람들이다. 죽은 것에 집착하지 않으며 죽은 것 가운데서도 살릴 수 있는 작은 싹을 발견하고, 죽은 것들을 확실하게 썩혀서 그것을 밑거름으로 하여 소망의 빛으로 그 싹을 가꾸며 살아가는 것이 산자들의 삶의 방식이다.

셋째, 산자들은 살리는 말을 하며 살아가는 사람들이다. 하나님께서 말씀으로 세상을 창조하셨듯이 우리의 말은 위력이 있어서 우리의 말 한마디가 사람을 살릴 수도 있고 죽일 수도 있다. 산자들의 말은 온기가 있어서 죽어가는 사람들에게 위로와 격려가 되어 그 말을 발판 삼아 소생할 수 있는 힘을 발하게 한다. 반대로 죽은 자의 말은 살아가는 사람에게 치명상을 입혀 죽게 할 수 있다.

그러면 우리가 어떻게 산자의 삶을 살 수가 있을까? 그것은 본문에서 예수님이 말씀하신대로 주를 따르는 것이다. 예수님을 따르기 위해서는 예수님을 만나야하고 우리는 거듭나게 되며 죽은 자의 삶에서 산자의 삶으로 전환하게 된다는 것을 성경을 통해 우리는 알 수 있다.

그러면 우리가 거듭났다는 것을 무엇으로 알 수 있을까?

거듭남의 증거는 성령의 아홉 가지 열매 맺는 삶을 살아가는 것이겠으나 여기서는 본문과 관련지어서 두 가지를 말하겠다.

첫째, 우리 자신이 거듭남의 정도를 알 수 있는 바로미터

(barometer)는 우리 마음이 어느 정도 죽어가는 영혼을 살리는데 집중되어 있는가 하는 것이라고 생각한다.

거듭난 우리들은 죽은 자를 살리기 위해 많은 눈물을 흘려야 하지 않을까. 특히 캠퍼스 영혼 구원을 사명으로 받은 우리 기독교수회 회원들은 우리 직장 동료 학생들을 위해 많은 눈물을 흘려야 할 것으로 생각한다.

다음으로 거듭남의 증거는 우리가 얼마나 겸손하게 살아가고 있느냐 하는 것일 것이다. 교만은 하나님께서 가장 싫어하시는 것이고, 그 이유는 교만이 자기중심적인 사고에서 비롯된 것이며 그것은 하나님과 무관한 삶의 모습이며 결코 살아가는 것이 아니고 죽어가는 것이기 때문이다.

우리는 예수님은 포도나무요 우리는 가지라는 사실을 명심해야 한다. 그러니 내가 가진 모든 것은 예수님께로부터 비롯된 것이므로 나에게 자랑할 것은 아무것도 없다는 것을 망각하고 살아서는 안될 것이다. 우리는 청지기의 마음으로 하나님의 것을 지키며 겸손하게 살아야 할 것이다. 교만은 패망의 선봉이라 하였는데, 그것은 많은 사람을 죽이며 결국은 스스로도 죽게 될 것이기 때문이다.

'아버지 하나님 감사합니다. 오늘 주님의 귀한 아들 딸들에게 산자와 죽은자라는 말씀을 주시었으니 저희들에게 깊은 깨달음이 있기를 원하옵니다. 저희들이 죽은 것에 매달리는 일이 없도록 지혜와 능력을 주시옵소서. 한 영혼을 천하보다 귀히 여기며 영혼을 살리는 일에 최선을 다하며 살아가기를 원하오니 그 길로 인도하여 주시옵소서. 저희들을 죽음으로 이끌어가는 모든 악으로부터 저희를 보호하시어 주님과 함께 영원히 살 수 있도록 저희를 지켜 주시옵소서. 예수님 이름으로 기도드립니다. 아멘'

2.
온전한 섬기

"38 그들이 길 갈 때에 예수께서 한 마을에 들어가시매 마르다라 이름하는 한 여자가 자기 집으로 영접하더라. 39 그에게 마리아라 하는 동생이 있어 주의 발치에 앉아 그의 말씀을 듣더니 40 마르다는 준비하는 일이 많아 마음이 분주한지라 예수께 나아가 이르되 주여 내 동생이 나 혼자 일하게 두는 것을 생각하지 아니 하시나이까 그를 명하사 나를 도와 주라하소서. 41 주께서 대답하여 이르시되 마르다야 마르다야 네가 많은 일로 염려하고 근심하나 42 몇 가지만 하든지 혹은 한 가지만이라도 족하니라 마리아는 이 좋은 편을 택하였으니 빼앗기지 아니하리라 하시니라."(누가복음 10:38-42)

본문의 등장인물을 보면 마르다, 마리아, 그리고 예수님이다. 요한복음 11장에 마르다와 마리아가 사는 곳은 예루살렘에서 한 오리 쯤 떨어진 베다니라고 하는 작은 마을이라고 기록되어 있다. 베다니라는 작은 마을, 마르다와 마리아 그리고 그들의 오라버니 나사로가 사는 작은 집이 본문의 배경이다. 예수께서 베다니에 들어가시매 예수님을 따라 다니던 마르다가 예수님께 식사를 대접하기 위해 자신의 집으로 모셔 놓고 식사 준비에 분주한 마르다의 모습을 상상할 수가 있다.

마르다의 집에는 최소한 예수님의 열 두 제자도 함께 들어갔을 것이다. 또한 마르다의 친척 또는 마을 사람들이 예수님의 식사 준비에 도움을 주기 위해 함께 들어와서 마르다를 돕고 있을 것이다. 짐작컨대 마르다는 부모님 없이 가정 살림을 이끌어 가는 매우 활동적이고 적극적이며 강한 기질의 성격을 소유한 자임을 알 수가 있다. 반면에 마리아는 매우 수줍어하고 내성적이며 문 밖 출입 하는 것을 별로 좋아하지 않는 아가씨로 볼 수 있다.

요한복음 11장 27절에서 마르다는 예수님께 주는 그리스도시요 세상에 오시는 하나님의 아들이심을 믿는다고 고백하고 있다. 이것으로 보아 마르다는 베드로에 버금가는 믿음의 소유자임을 알 수가 있다. 일반적인 경우 주인이 손님을 맞이할 때 손님을 혼자 있게 하지 않는 것이 보통이다. 분명 이 집의 주인은 마르다와 마르다의 형제들인데 마르다는 자신을 주인으로 생각하지 않고 오히려 예수님을 주인으로 모시고 있음을 알 수가 있다.

왜냐하면 예수님을 손님으로 생각했다면 예수님의 말동무가 되어준 마리아의 모습을 좋게 여겨 칭찬하여야 마땅할 것인데, 마리아로 하여금 자신의 부엌일을 돕게 하라고 하니 심하게 말하면 마리아를 꾸짖어 달라고 예수님께 부탁드리는 바나 다름없기 때문이다. 마르다는 예수님을 부모님처럼 생각하고 철없는 마리아를 타일러서 자신의 일을 돕게 해 달라고 부탁드린다. 마르다는 마리아가 부엌일을 돕는 것이 크게 도움이 될 것이라고 생각하여 예수님께 말씀드렸던 것은 아닌 것 같다. 평소 마르다는 마치 어머니와 같이 집안일을 도맡아 해 왔을 것이다.

반면 마리아는 언니인 마르다를 어머니처럼 의지하며 언니가 하는 일을 도와주려는 생각보다는 어머니를 대신하여 집안일을 잘 처리해 주는 언니에게 고마움을 느끼며 살아가고 있었을 것이다. 그러니 이 날도 평소와 같이 부엌일은 자기와는 무관한 일로 생각하고 있었을 것이고, 더구나 이 날은 부모님 이상으로 다정다감하신 예수님으로부터 천국 복음을 듣는데 심취해 있었을 것이다.

마르다는 평소 마리아의 이런 행동에 문제가 있다고 생각하여 바로 잡으려고 노력해 왔지만 허사였을 것이고 그래서 포기한 상태였을 것이다. 마르다는 바쁘게 일하는 데 언니를 도우려 하지 않는 마리아를 예수님께서도 잘못 됐다고 생각하시어 앞으로는 언니의 일을 잘 도와주도록 교육시켜 주실 것으로 마르다는 믿었을 것이다. 마르다의 말처럼 식사 준비 하는데 있어서 일손이 부족하여 마리아로 하여금 돕게 해 달라고 말한 것 같지는 않다. 왜냐하면 부엌에는 마르다를 돕기 위해 마르다의 친척을 포함한 마을사람들이 충분히 있었을 것이기 때문이다. 그러나 예수님께서는 마르다의 기대와는 달리 오히려 마르다를 교육하고 계신다. 마리아가 별로 도움이 되지 않는 부엌일을 돕는 것 보다 그동안 언니를 통해서만 들었던 진리의 말씀을 예수님께 직접 듣는 쪽을 선택하였으니 좋은 편을 선택하였다고 하신 것이다.

마르다의 의중을 잘 아시는 예수님께서는 현재의 마리아를 칭찬함으로 평소의 마리아를 교육해 주기를 바라는 마르다의 요구를 받아 주시지 않고 있다. 그것은 곧 평소에 마르다를 어머니와 같이 따르고 의지하는 마리아에게 문제가 있는 것이 아니고 그러한 마리아를 사랑의 마음으로 온전히 품어 안을 수 있는 넉넉한 마음이 마르다에게 필요하다는 것을 마르다 스스로 깨닫도록 하신 것으로 볼 수가 있다.

예수님의 답변을 통해 우리가 배울 수 있는 점은 무엇일까? 그것은 온전한 섬김의 도를 배워야한다는 것이다. 마르다는 자신을 어머니와 같이 믿고 의지하는 마리아를 자식과 같이 사랑으로 섬김으로써만이 불편한 마음에서 해방되어 참 기쁨을 누릴 수가 있을 것이다. 본문 말씀을 예수님 중심으로 묵상하면 전혀 다른 뜻으로 해석할 수가 있다.

예수님을 섬기는 두 가지 유형으로서 마르다식과 마리아식을 들 수가 있고 마르다 식은 교회 봉사에 치중하면서 예수님과의 인격적인 관계를 소홀히 하는 유형, 그리고 마리아식의 섬김은 봉사 보다는 예수님과의 인격적인 관계를 더 중요하게 생각하는 유형이 그것이다. 이에 예수님은 마리아의 손을 들어 주었고 따라서 우리의 신앙생활도 마리아식으로 해야 하는 것이 중요하다는 식의 설교를 들은 기억이 있다.

그러나 믿음 생활은 마르다형과 마리아형이 적절히 조화되어야 한다고 생각해 볼 때 예수님께서 자신을 섬기는 방법으로 마리아 형이 더 좋다고 말씀하시는 것으로 보는 것은 옳지 않은 것 같다. 그러니 본문의 중심 인물은 예수님이 아니고 마르다로 보아야 할 것이다. 따라서 본문을 통해서 우리가 배워야 할 것은 우리가 예수님을 섬기는 방법이라기 보다는 마르다가 마리아를 섬기는 방법, 곧 우리가 우리를 섬기는 방법을 배워할 할 것으로 생각한다.

어린 자가 더 나이 많은 자를,지위가 낮은 자가 지위가 높은 자를, 제자가 스승을 섬겨야 마땅한 것으로 알고 있는 우리의 사고를 예수님께서는 완전히 바꾸어 놓았다.

하나님이신 예수님께서는 스스로 낮아지셔서 이 땅에 오시었고, 제자들의 발을 씻어 주시기까지 낮아지셨다. 예수님의 제자의 길을 걷고 있는 우리들도 예수님의 가르침을 따라 낮은 자를 온전히 섬기는 도를 배워야 할 것이다. 온전히 섬기는 방법은 무엇일까? 섬김을 받는 자가 아무런 부담을 느끼지 않도록 섬기는 것이다. 섬김을 받는 사람이 불편함을 느끼도록 섬긴다면 그것은 섬기는 것이 아니고 괴롭히는 것일 것이다.

주인이 종으로부터 섬김을 받을 때 아무런 부담을 느끼지 않은 것 같이 우리는 낮은 자를 섬길 때 섬김을 받는 자로 하여금 아무런 부담을 느끼지 않도록 하여야 할 것이다. 섬김이 부담스러우면 차라리 섬기지 않은 편이 더 낳을 것이다.

온전한 섬김은 섬기는 것 자체를 기쁨으로 생각하며 섬기는 것일 것이다. 예수님께서 낮은 자를 섬기라고 하였다 하여 높은 분을 섬기지 말라는 것으로 받아들여서는 더욱 아닐 것이다. 낮은 자도 섬길 수 있는 사람이 높은 분을 섬기지 않을 수 없기 때문에 예수님께서는 낮은 자를 섬기라고 가르치고 있음을 깨달아야 할 것이다. "인자가 온 것은 섬김을 받으려 한 것이 아니라 도리어 섬기려 하고 자기 목숨을 많은 사람의 대속물로 주려 함이니라"(마태복음 20:28) 라고 말씀하신 예수님의 제자로서 우리도 섬김을 받으려 하지 말고 모든 사람을 섬기며 살아가야 할 것이다. 크리스천은 예수님의 본을 받아 섬기는 자가 되어야 하므로 크리스천을 섬기는 자라고 하는 것이 마땅할 것이다.

섬기기 위해 우리는 낮아져야 한다. 우리가 스스로 낮아질 때, 스스로 높아지고자 하는 것을 이용해서 우리 가운데 역사하는 사단의 활동 무대를 좁힐 수가 있기 때문이다. 섬기기 위해 우리는 사랑해야 한다. 사랑이 없이는 섬기기가 쉽지 않고, 섬김을 받는 사람에게 그 어떤 감동도 줄 수가 없기 때문이다.

　마르다는 믿음이 좋고, 근면 성실하며 당차고 야무진 처녀로서 예수님과 열 두 제자들을 접대하기 위해 집으로 불러들일 정도로 적극적이고 담대한 처녀이다. 우리는 마르다와 같은 믿음으로 마르다와 같이 근면 성실히 그리고 담대하게 섬기며 살아야겠다. 그리스도 안에서 새로운 피조물이 된 우리는 더 이상 마리아와 같이 섬김을 받아야 하는 나약한 존재가 아니다. 그러면 섬김을 받아야 하는 마리아는 누구일까? 마리아는 곧 예수님이라 할 수 있다. 왜냐하면 우리가 진정으로 섬겨야 할 유일한 분은 오직 우리 주 예수님 한 분 뿐이기 때문이다. 우리는 잊지 말아야 한다. 우리가 누구를 섬기든지 주께 하듯 해야 한다는 것을.

　우리는 주님을 사모하고 주님을 사랑한 만큼 섬기며 살아가야 할 것이다. 세상의 빛과 소금은 곧 섬기는 자들을 가리켜 하는 말이라 하겠다. 섬기는 마음은 능동적인 마음이고, 섬김을 받는 마음은 피동적인 마음이다. 우리가 행복해 지기 위해서는 능동적으로 살아가야 한다. 그러므로 우리가 항상 기쁘게 살아가기 위해서는 섬기며 살아가야 한다. 우리는 우리가 크리스천이라고 자부하고 있다. 우리가 진정한 크리스천이 되기 위해서 우리는 섬기는 자가 되어야 할 것이다. 우리 모두 예수님을 본 받아 섬김을 받으려 하지 말고 섬기는 자가 되기 위해 최선을 다 해야 할 것이다.

'하나님 아버지 말씀을 통해 온전한 섬김이 무엇인지 생각해 볼 수 있는 시간 갖게 하심을 감사드립니다. 우리의 육체는 섬김을 받고자 하나 우리는 오히려 섬기며 살아가는 것이 참 기쁨이요 행복이라는 것을 알게 하시니 감사합니다. 이 세상을 살아가는 동안 많은 사람을 섬기며 살아 갈 수 있도록 저희에게 강한 믿음을 주시고, 그 섬기는 마음이 주님께로부터 온 것임을 감사하며 살아가게 하여 주시옵소서. 예수님 이름으로 기도드립니다. 아멘'

3.
성령을 구하라

"7 구하라 그리하면 너희에게 주실 것이요 찾으라 그리하면 찾아낼 것이요 문을 두드리라 그리하면 너희에게 열릴 것이니 8 구하는 이마다 받을 것이요 찾는 이는 찾아낼 것이요 두드리는 이에게는 열릴 것이니라 9 너희 중에 누가 아들이 떡을 달라 하는데 돌을 주며 10 생선을 달라 하는데 뱀을 줄 사람이 있겠느냐 11너희가 악한 자라도 좋은 것으로 자식에게 줄 줄 알거든 하물며 하늘에 계신 너희 아버지께서 구하는 자에게 좋은 것으로 주시지 않겠느냐 12 그러므로 무엇이든지 남에게 대접을 받고자 하는 대로 너희도 남을 대접하라 이것이 율법이요 선지자니라"(마태복음 7:7-12)

본문 말씀을 보면 우리가 무엇이든지 하나님께 구하면 주신다는 것이다. 그런데 실제는 그렇지 않다. 하나님께서는 우리가 구하는 것을 다 주셔야 할 것인데 우리가 구하는 것을 주시는 경우는 그렇게 많지 않을 것이기 때문이다. 그렇다면 예수님은 우리에게 거짓말을 한 셈이 된다. 그런데 예수님은 거짓말을 하지 않으신다. 그러므로 우리가 말씀을 오해하고 있음이 분명하다. 우리는 아들이 착한 일을 했을 때 네가 원하는 것이 있으면 무엇이든지 말하면 내가 다 들어 줄 것이라고 말한 적이 있을 것이다.

구약 에스더에서도 아하수에로 왕이 에스더에게 네가 원하는 것을 무엇이든지 내게 말하라 나라의 절반이라고 주겠노라고 하였으며, 신약에서 헤롯왕이 딸이 춤을 추어 헤롯을 기쁘게 하니 무엇이든지 달라는 대로 주겠다고(마14장 6,7절) 맹세한 것을 볼 수가 있다. 그런데 나라의 절반을 달라고 하면 주었을까? 아니 나라의 절반을 준다고 하여도 제 정신으로는 그것을 달라고 하는 사람은 없을 것이다. 무엇이든지 주겠다고 하는 대상은 자신이 믿고 사랑하는 사람에게만 할 수 있는 말이기 때문이다.

자신이 아끼고 사랑한 사람은 자신의 마음을 잘 헤아려서 주고도 기분 좋은 것을 달라고 할 것이라는 것을 믿기 때문이고 그렇기 때문에 무엇이든지 주겠다고 약속할 수가 있을 것이다. 예수님께서 무엇이든지 주겠다고 말씀하신 대상도 예수님이 아끼고 사랑하는 사람일 것으로 생각하는 것이 마땅하다.

주고 싶은 사람은 어떤 사람일까?

곧 물과 성령으로 거듭난 사람일 것이다. 이에 대한 답이 요한복음 15장 7절에 분명히 나와 있다. "너희가 내 안에 거하고 내 말이 너희 안에 거하면 무엇이든지 원하는 대로 구하라. 그리하면 이루리라."

예수님께서는 주님의 말씀이 자기 안에 거한 사람을 향하여 무엇이든지 원하는 대로 구하는 것을 주겠다고 말씀하셨다. 주님의 말씀이 거하는 사람은 주님이 주시고자 하는 것을 구할 것이기 때문이다.

고린도전서 2장 9절과 10절에 "하나님이 자기를 사랑하는 자들을 위하여 예비하신 모든 것은 눈으로 보지 못하고 귀로도 듣지 못하고 사람의 마음으로도 생각지 못하였다 함과 같으니라 오직 하나님이 성령으로 이것을 우리에게 보이셨으니 성령은 모든 것 곧 하나님의 깊은 것이라도 통달 하시느니라" 라고 기록되어 있다. 하나님이 자신을 사랑하는 자들을 위하여 주시고 싶은 귀한 것은 눈에 보이는 것도 귀에 들리는 것도 사람의 생각으로 깨달을 수 있는 것도 아니고 오직 성령을 통해서만이 알 수 있다는 것이다. 그러므로 우리에게 성령이 임하면 하나님이 우리에게 주시고자 하는 것을 구할 수가 있고, 우리가 구하는 것을 받을 수 있음을 알 수가 있으며 우리가 진정 구해야 할 것은 성령이라는 것을 알 수가 있다.

누가복음 11장 13절을 보면 "너희가 악할지라도 좋은 것을 자식에게 줄줄 알거든 하물며 너희 하늘 아버지께서 구하는 자에게 성령을 주시지 않겠느냐 하시니” 라고 기록되어 있다.

그렇다. 하나님께서 우리에게 궁극적으로 주시고자 하는 것은 성령이다. 고린도후서 5장 17절에 “그런즉 누구든지 그리스도 안에 있으면 새로운 피조물이라 이전 것은 지나갔으니 보라 새것이 되었도다” 와 같이 그리스도 안에 있는 사람 곧 성령이 임한 사람은 새로운 피조물이 되는 것이고 새로운 피조물은 눈에도 보이지 않고 귀로도 들을 수 없고 사람의 생각으로 깨달을 수 없는 것을 구하는 사람일 것이다. 또한 로마서 8장 24절부터 26절에서 사도 바울은 다음과 같이 말씀하고 있다.

> “24 우리가 소망으로 구원을 얻었으매 보이는 소망이 소망이 아니니 보는 것을 누가 바라리요 25 만일 우리가 보지 못하는 것을 바라면 참음으로 기다릴지니라 26 이와 같이 성령도 우리의 연약함을 도우시나니 우리는 마땅히 기도할 바를 알지 못하나 오직 성령이 말할 수 없는 탄식으로 우리를 위하여 간구하시느니라.”

우리는 우리의 연약함 때문에 근본적으로 구해야할 것을 구하지 않는다는 것이다. 그러나 성령께서는 이같이 연약한 우리를 보고 탄식하시며 우리가 달라고 하는 것이 아니고 우리에게 꼭 필요한 것을 주시도록 하나님께 간구하신다는 것이다.

우리는 우리가 구하는 것은 무엇인지 생각해 볼 필요가 있다. 눈에 보이지 않는 것인가? 귀에 들리지 않는 것인가? 사람의 생각으로 깨달을 수 없는 것인가? 눈에 보이는 것, 귀에 들리는 것 사람의 생각으로 깨달을 수 있는 것이 뱀이 될 수도 있고 돌이 될 수도 있다는 생각을 해 본 적은 없는가? 우리가 때때로 뱀을 생선으로 착각하고 그것을 달라고 하나님께 매달리지만 하나님께서는 그것은 실제로 뱀이고 생선이 아니기 때문에 우리에게 주시지 않는다.

반면에 때로는 우리가 뱀이라고 생각한 것을 주심으로 우리에게 고난을 주시기도 하신다. 이것을 답답하게 생각하신 예수님께서는 우리에게 말씀한다. 왜 나에게 생선을 달라고 하는데 뱀을 주었다고 하느냐? 너희 같이 악한 사람도 아들에게 생선을 달라고 하면 뱀을 주지 않을 것인데 하물며 내가 생선을 달라고 하는 너희에게 뱀을 주겠느냐? 너희가 뱀이라고 생각한 그것은 뱀이 아니고 생선보다도 더 좋은 것을 주기 위함이니 염려하지 말고 먹어라. 이러한 뜻으로 말씀하신 것으로 받아들여야 옳을 것이다.

때때로 하나님께서는 떡을 원하는 우리에게 돌을 주시고, 생선을 원하는 우리에게 뱀을 주시기도 한다. 그것은 떡과 생선으로 기름진 육체 가운데에는 성령이 임할 수가 없기 때문일 것이다.

"구하라 그러면 찾을 것이요 문을 두드리라 그러면 열릴 것이니라."

우리는 무엇을 구해야 하고 무엇을 찾아야 하겠는가? 우리가 하나님을 믿는다고 하면서도 여전히 세상의 부귀영화를 구한다면 세상 사람과 전혀 구별되지 않을 것이다.

크리스천이 구해야 할 것은 세상 사람이 구하는 것과는 달라야 한다. 우리가 구해야 할 그것은 곧 성령이어야 할 것이다. 성령은 곧 하나님이시니 우리가 항상 기도해야할 모든 것은 하나님께서 우리와 함께하시기를 간구하는 것일 것이다.

또한 "문을 두드리라"고 해서 아무 문이나 두드려서는 안 될 것이다. 그러면 어떤 문을 두드려야 할까? 우리가 두드려야 할 문은 천국문이어야 한다. 예수님께서는 천국은 침노한 자의 것이라고 말씀하셨다. 천국에 들어가기 위해서는 천국을 침노하여 천국문을 두드려야만 된다는 것이다.

오늘날 기독교가 세상 종교와 구별되지 않은 가장 큰 이유는 무엇일까? 그것은 기독교가 기복 신앙의 틀을 벗어나지 못하고 있기 때문이라고 생각한다. 하나님께서 우리에게 주시고자 하시는 복은 우리가 잠시 머무르는 세상 것이 아니고 우리가 영원한 천국 백성이 되도록 하는 것이라는 것을 명심하여야 할 것이다. 우리 눈이 천국에 소망을 두지 못하고 세상을 향해 있을 때 마귀는 우리를 가만 놔두지 않을 것이고 따라서 우리의 믿음을 지켜 나가기가 쉽지 않을 것이다. 그러나 우리가 천국에 소망을 두고 살아갈 때 우리는 마귀의 시험에서 벗어날 수가 있게 되고 우리의 신앙을 굳건히 지키어 우리가 그토록 바라던 천국에 들어갈 수 있게 될 것이다.

우리는 예수를 구주로 시인하면 천국에 들어갈 것이라는 성경 말씀을 붙잡고 쉽게 천국에 들어갈 수 있을 것이라는 안일한 생각에서 벗어나야 한다. 우리가 예수를 구주로 시인한다고 하여도 예수님의 말씀대로 행하지 않는다면 우리는 불법을 행하는 자로서 구원을 받을 수가 없을 것이기 때문이다.

'거룩하신 하나님 아버지! 저희를 성령 충만하게 하여 주시옵소서. 저희 마음이 세상 것을 향한 욕심으로 가득 차 있음으로 성령께서 들어오실 자리가 없음을 깨달아 알았사오니 저희 마음을 비워 주시고 그 자리에 주님이 임하시어 저희를 다스려 주시옵소서. 예수님 이름으로 간절히 기도드립니다. 아멘'

4.
은혜의 달란트

 "14 또 어떤 사람이 타국에 갈 때 그 종들을 불러 자기 소유를 맡김과 같으니 15 각각 그 재능대로 한 사람에게는 금 다섯 달란트를, 한 사람에게는 두 달란트를, 한 사람에게는 한 달란트를 주고 떠났더니 16 다섯 달란트 받은 자는 바로 가서 그것으로 장사하여 또 다섯 달란트를 남기고 17 두 달란트 받은 자도 그같이 하여 또 두 달란트를 남겼으되 18 한 달란트 받은 자는 가서 땅을 파고 그 주인의 돈을 감추어 두었더니"(마태복음 25:14-18)

예수님께서는 세상의 이치를 가지고 천국을 설명하셨다.

이 세상은 우리가 보고 느끼며 생각함으로써 알 수 있는 구체적인 것이고 천국은 우리 중 누구도 가 본 적이 없는 추상적인 나라이기 때문이다. 예수님께서 이 세상에 오시어 우리에게 교육하신 강의 목표는 천국에 대한 이해와 천국을 위한 준비라 할 수 있을 것이다. 산상수훈을 보건데 "심령이 가난한 자는 복이 있나니 천국이 저희 것임이라" 그리고 "의를 위하여 목숨을 버리는 자는 복이 있나니 천국이 그들의 것임이라"에서와 같이 예수님께서는 천국이라는 당근 그리고 심령이 가난하고 의를 위하여 목숨을 버리라는 채찍으로 균형을 맞추셨다. 그러므로 우리는 천국이라는 당근을 얻기 위하여 스스로에게 쉬임 없이 말씀의 채찍을 가하여야 할 것이다.

구약의 이스라엘 백성을 다스리시는 하나님께서는 그들의 삶 가운데 구체적으로 개입하셨다. 노예에서 해방 시키시고, 광야에서 물을 먹이시며 만나와 메추라기로 일용할 양식을 해결해 주셨다. 우상 숭배로 패역한 백성들의 땅을 빼앗아 그 땅을 이스라엘 각 지파에게 나누어 주셨다. 그러므로 이스라엘의 하나님은 우리의 실제적인 삶 가운데 있어서 깊이 개입하시고 우리의 생사화복을 주관하시는 하나님이시다.

그러나 이스라엘 백성에게 있어서 하나님이 실제로 그들에게 주신 것은 고작 의식주 문제를 해결하시는 것 정도 밖에 되지 않는다고 생각한 그들은 십계명을 어기고 하나님과 더불어 이방 민족들이 섬기며 복을 받고 있는 풍요의 신들을 섬기게 되었다. 이에 노하신 하나님께서는 이스라엘에게 주었던 땅을 바벨론에게 내어 주게 된다. 바벨론의 포로가 된 이스라엘 백성에게 하나님께서는 구원의 메시아를 보내실 것을 약속하셨으나, 그토록 기다리던 메시아는 아직까지 오지 않고 있다. 이미 다녀가신 메시아가 또 오실 리 없기 때문이다.

이스라엘 사람들이 메시아를 알아보지 못한 이유는 이스라엘 사람들이 기대하고 있는 메시아는 세상의 왕이었으나, 실제로 오신 메시아는 이 세상은 물론이고 천국의 왕이신 하나님 자신이기 때문이었다.

추상화를 하는 사람들에게 있어서 구상화는 더 이상 감동의 대상이 아니라는 것을 서양화를 전공한 아내를 통해서 알게 되었다. 현대 수학은 논리 수학 곧 추상 수학이다. 추상 수학이 수학인 것은 추상 수학의 바탕이 수에 있기 때문이다. 구체적인 것이 없는 추상은 있을 수 없다. 추상을 하는 사람들에게 있어서 구체적인 것은 추상을 하기 위한 보조 자료일 뿐 추구해야할 목표는 아니다. 예수님께서는 구약의 구체적인 세상을 신약의 추상적인 세상 곧 천국으로 반전 시키셨다. 추상적인 하나님께서 구약을 통해 이스라엘 백성에게 그려주신 그림은 구상화이었으나 신약을 통해 구체적으로 오신 예수님께서는 이스라엘 백성에게 추상화를 그려 주셨다. 동일하신 분이 전혀 다른 모습으로 전혀 다른 그림을 그리시었으니 그것을 이해하는 것이 오히려 이해가 가지 않을 것이다.

우리가 하나님을 두려워해야 하는 이유가 바로 여기에 있다. 하나님께서는 우리의 상상을 초월한 반전 드라마를 쓰시는 분이기 때문이다.

본문 말씀이 하나님을 믿는 사람들이나 믿지 않는 사람들에게 큰 힘이 되는 것은 보통 사람들이 열심히 최선을 다하여 살아야 할 이유를 일깨워 주셨기 때문이다. 우리는 달란트를 탤런트로 바꿈으로 하여 비록 타고난 재능이 우수하지 않다고 하여도 낙심하지 말고 열심히 최선을 다하라는 뜻으로 본문 말씀을 별다른 어려움 없이 소화시킬 수 있다.

씨를 뿌리는 자의 비유라든가 가라지 비유 등을 말씀하셨을 때 제자들은 그 의미가 무엇인지에 대해 질문하였고, 이에 대한 예수님의 답변이 성경에 분명히 기록되어 있음으로 하여 오해의 소지가 없게 되었다. 그런데 달란트 비유를 듣고 이에 대해 질문을 했다는 내용은 기록되어 있지 않다.

제자들이 성숙하여 말씀의 의미를 잘 이해했기 때문일 수도 있고, 말씀을 세상적인 것으로 받아들임으로 하여 의문이 없었기 때문일 수도 있다. 어떻든 분명한 것은 이 말씀에 대한 해석이 기록되어 있지 않았고, 그렇기 때문에 이 말씀에 대한 해석도 분분하다는 것을 알 수가 있을 것이다. 이 말씀을 깊이 묵상해 보는 의미있는 시간이 되었으면 한다.

'또' 로부터 시작한 것으로 보아 열처녀 비유 바로 다음에 하신 비유 말씀이었음을 알 수가 있다. 신랑을 기다리는 열 처녀 중 다섯은 미련하여 등은 가지고 가되 기름을 가지고 가지 않았고 다섯은 지혜로워서 등과 함께 기름을 담아 가지고 갔다. 밤중에 신랑이 오니 맞으러 오라는 소리에 기름을 가지지 않은 자들이 기름을 사러 간 사이에 신랑이 왔으며 기름을 가진 자들만 혼인 잔치에 들어가고 문이 닫혀버려서 기름을 미리 준비하지 않은 미련한 자들은 혼인 잔치에 참여할 수 없게 되었다.

우리는 항상 우리의 마음속에 성령의 기름을 충만하게 채우고, 지금 곧 예수님이 오신다는 마음의 자세로 예수님의 재림을 기다려야 한다는 비유 말씀이라 할 수 있다. 예수님의 모든 비유 말씀이 천국을 설명하시고자 하시었던 것 같이 본문 말씀의 대상도 천국백성임을 알 수가 있다.

어떤 사람이 타국에 간다는 것을 가정하였는데, 누가 기자는 어떤 사람 곧 누가를 더 정확히 기억하고 있었던 것 같다. 누가복음 19장 12절에서 어떤 귀인이 왕위를 받아가지고 오려고 먼 나라로 간다고 가정하였다. 그러면 어떤 귀인은 예수님이라는 것이 분명해진다. 그러면 달란트는 무엇을 의미하는 것일까? 주인이 종들에게 주셨다는 것으로 보아 '은혜' 또는 '믿음'으로 보는 것이 타당할 것이다.

청중들 중에는 예수님의 열 두 제자 그리고 마리아와 마르다 등과 같이 다섯 달란트의 은혜를 받은 사람, 그리고 병 고침을 받은 사람들과 같이 두 달란트의 은혜를 받은 사람들이 있었을 것이다. 병 고침을 받은 사람도 다섯 달란트를 받았다고 주장할 수가 있겠으나 우리가 가고자 하는 방향은 이에 대한 것이 아니기 때문에 이 부분에 대해서는 갑론을박할 필요는 없겠다.

그러나 대부분의 청중들은 예수님의 행하신 기적을 직접 보았거나 전해 들었던 즉 1달란트의 은혜를 받은 보통사람들이었을 것이다. 예수님께서 교육하시고자 하는 대상은 바로 이 대부분의 보통사람들이라는 것을 알 수가 있다. 1달란트의 은혜 밖에 받지 못했다고 생각한 보통 사람들은 5달란트나 2달란트의 은혜를 받은 사람들에 비해 그 은혜가 하찮은 것으로 생각하여 하나님의 백성으로서 하나님의 일을 감당할 능력이 없는 것으로 생각하기 쉬울 것이다. 그 일은 5달란트나 2달란트를 받은 사람들에게나 해당될 뿐 나와는 아무런 상관이 없는 것으로 생각하여 그 은혜를 사용하지 않고 감추어 두는 것이 보통이라는 것이다.

그러나 예수님께서는 1달란트를 받은 다수의 백성이 일하시기를 원했다. 그래서 그들에게 말씀하셨다. 너희들이 내가 없는 동안에 나를 위하여 일하지 않으면 내가 왕이 되어 돌아와서 바깥 어두운 데로 내쫓을 것이라고. 그리고 그곳에서 슬피 울며 이를 갈 것이라고 하셨다. 바깥 어두운 데가 어디일까? 그곳은 말할 것도 없이 지옥을 의미할 것이다. 참으로 우리에게 경각심을 주는 말씀이 아닐 수가 없다.

그런데 여기서 우리는 현 세대의 우리에게 예수님께서는 이 말씀을 가지고 어떤 반전 드라마를 연출하실 것인가를 생각해 볼 필요가 있다. 5달란트나 2달란트의 은혜를 받은 사람들은 누구일까? 우리를 포함한 평신도 중에도 있을 수 있을 것이나 대부분은 주로 성직자 등 종교 지도자들 중에 있을 것으로 생각한다.

그러면 자연스럽게 그들이나 혹시 우리 중 5달란트나 2달란트의 은혜를 받은 사람이 받은 은혜로 갑절의 이익을 창출해 내는 하나님의 일을 하고 있는 것인지에 대해 생각을 하게 될 것이다. 갑절까지는 바라지 않더라도 받은 은혜 만큼의 이익을 창출해 냈다 해도 큰 문제는 없을 것으로 생각한다.

그런데 우리가 참으로 두려워 해야 할 것은 5달란트나 2달란트의 은혜를 받아서 하나님 나라에 도움이 되는 일을 한다고 하면서 오히려 5달란트나 2달란트 혹은 그 보다 훨씬 더 많은 손해를 끼치는 일을 할 수도 있다는 것이다.

은혜의 달란트를 이용하여 달라를 챙겨 담고 있는 일을 서슴치 않고 있는 것 같은 종교 지도자들을 찾기는 그리 어렵지 않다. 불의한 사람이 나쁜 사람인 것은 당연한 것이지만 이와 마찬가지로 불의에 동조한 사람도 사악한 사람인 것이다. 우리가 다니는 교회가 성도들의 피인 헌금을 받아서 고아와 과부, 헐벗고 굶주린 자들을 위해 쓰는 등 하나님의 뜻에 따라 바르게 사용되어지지 않고 있는데 있어서 우리가 협조하고 있다면 우리도 불의한 사람들의 범주에 들어 있는 셈이 될 것이다.

의인 한 사람이 없어서 불에 타게 된 소돔과 고모라의 경우와 같이 이 시대에도 한사람의 의인을 절실히 필요로 하고 있다는 생각을 떨쳐버릴 수가 없다. 물질문명의 소용돌이 속에서 우리의 영적 감각은 무디어지다 못하여 마비되어 가고 있다. "너희는 이 세대를 본받지 말라"에서 이 세대는 곧 이 시대의 우리에게 주시는 말씀임을 깊이 깨닫게 된다.

우리는 각자 타고난 재능을 마음껏 발휘하여 가정과 국가의 발전을 위해 최선을 다해야 한다. 그와 마찬 가지로 우리는 우리가 받은 달란트를 사용하여 하나님나라의 확장을 위해 최선을 다해야 할 것이다. 이것이 본문 말씀을 통해 예수님께서 우리에게 주시고자 하는 말씀이고, 하나님 나라 백성인 우리는 우리가 받은 은혜의 달란트가 얼마이든 그 달란트를 사용하여 천국의 국익을 창출하는 일을 게을리 하여서는 안될 것이다. 우리가 이와 같이 살아갈 때 우리는 세상 사람들과 구별될 수가 있고, 구별되는 정도는 천국 백성의 정도를 가늠하는 가늠자가 될 것이다.

'거룩하신 하나님 아버지.

오늘 주님께서 주신 달란트 비유 말씀을 가지고 묵상하는 귀한 시간으로 이끌어 주심을 감사드립니다. 저희가 주님으로부터 감당하기 힘든 은혜의 달란트를 받았으나 그 달란트를 가지고 하나님 나라의 백성으로서의 사명을 잘 감당함으로 하여 천국의 이익을 창출하는 일을 하고 있는지 두려운 마음 뿐입니다. 주여 저희에게 지혜와 명철을 주시고 저희를 항상 새롭게 하시며 저희가 하나님의 뜻에 합당한 삶을 살아갈 수 있도록 인도하여 주시옵소서. 예수님의 이름으로 기도드립니다. 아멘'

5.
천국의 경계병

"1 그런데 뱀은 여호와 하나님이 지으신 들 짐승 중에 가장 간교하니라 뱀이 여자에게 물어 이르되 하나님이 참으로 너희에게 동산 모든 나무의 열매를 먹지 말라 하시더냐 2 여자가 뱀에게 말하되 동산 나무의 열매를 우리가 먹을 수 있으나 3 동산 중앙에 있는 나무의 열매는 하나님의 말씀에 너희는 먹지도 말고 만지지도 말라 너희가 죽을까 하노라 하셨느니라 4 뱀이 여자에게 이르되 너희가 결코 죽지 아니하리라 5 너희가 그것을 먹는 날에는 너희 눈이 밝아져 하나님과 같이 되어 선악을 알 줄 하나님이 아심이니라"(창세기 3:1-5)

본문 말씀은 인간에게 죄가 들어오게 된 과정을 설명하고 있다. 그리고 죄의 본질은 사탄임을 알 수가 있다. 사람은 하나님과 사탄 사이에 있고, 사탄은 사람으로 하여금 하나님의 명령을 어기도록 하고 결국 사람은 사탄의 꼬임에 넘어가서 하나님이 먹지 말라고 한 실과를 따먹고 말았다. 사탄은 그 실과를 먹으면 눈이 밝아져서 하나님과 같이 됨으로 하여 선악을 알게 된다고 하였다. 악이 무엇인지 알지 못했던 하와는 하나님과 같이 된다는 말에 현혹되어 선악과에 빨려 들어가게 된다.

사탄의 꼬드김의 과정은 지속되고 있다. 즉 먹음직도 하고 보암직도 하고 지혜롭게 할 만큼 탐스럽기도 하도록 하는 나무로 보이도록 하는 것이다. 사탄은 자신의 계획대로 하와가 선악과를 따먹도록 하는데 성공하게 되었고, 하나님으로부터 그에 상응한 벌을 받게 된다. 이 벌은 배로 기어 다니며 종신토록 흙을 먹고 살게 될 것이라는 것이다. 선악과를 먹은 후 아담과 하와는 눈이 밝아져 자신들의 몸이 벗은 줄을 알게 되었다. 이 눈은 곧 세상을 향한 눈이라 할 수 있고 세상을 향한 눈이 밝아짐에 따라서 영적인 눈은 멀어지게 되었음을 알 수가 있다.

영적인 눈이 멀어지게 됨으로 인간은 하나님과 멀어지게 되었고, 하나님이 피조물이 아닌 것 같이 인간도 피조물이 아닌 것으로 알려지게 되었다. 인간에게서 하나님을 배제시키는데 성공한 사탄은 죄의 근원이자 생산자로서 인간이 하나님과 원수되게 하는 일을 하도록 끊임없이 배후 조종하고 있다.

흙을 먹도록 허락을 받은 사탄은 세상눈이 밝아짐으로 하여 육체의 영광을 위해 살아가고자 하는 사람의 성향을 자극하여 온갖 탐심을 유발시킴으로써 영혼을 피폐시키고 있다. 육체는 흙이요, 사탄은 흙을 먹도록 허락 받았으므로 사탄의 전략은 우리가 자신의 먹이인 육체를 위해 살아가도록 하며 따라서 하나님의 양식인 영혼의 열매를 맺지 못하도록 하는 것이다.

그런데 하나님께서 예언하셨다. 여자의 후손이 자신의 머리를 상하게 할 것이라는 것을. 이 예언은 성취되었고 여자의 후손은 곧 예수님이며 사탄은 예수님의 발꿈치 밖에 상하지 못했다. 예수님은 육체를 위해 사시지 않았기 때문이다. 사탄이 집어 삼키었다고 생각한 예수님의 육체는 빈껍데기에 불과한 것이었고 십자가에서 돌아가신 예수님의 육체는 예수님의 발꿈치에 불과한 것이었다. 예수님은 더 이상 흙이 아닌 영원한 육체로 부활하셨다. 이 예수님은 머지않아 사탄의 머리를 상하게 하실 것이다.

부활의 첫 열매되신 예수님은 성령으로 우리에게 오시어, 성경을 통해 창조의 과정과 죄의 본질 그리고 구원의 원리를 알려주시었다. 구원의 원리는 우리가 죄의 근원인 사탄과 원수가 되도록 하는 것이다. 성령님께서는 우리 가운데 뒤엉키어 떼어낼 수 없이 혼탁해진 우리의 영혼으로 부터 죄를 분리해 내어 우리의 순수한 영혼이 무엇인지를 알게 하신다. 이것을 거듭남이라 하시었고, 거듭나게 된 우리는 비로소 우리 가운데 죄를 구별할 수 있게 된다.

거듭나게 된 우리가 해야 할 일은 무엇일까? 사탄의 먹잇감인 우리의 육체를 예수님과 함께 십자가에 못 박아야 하는 것이다. 이것이 가장 간단한 방법이긴 하지만 쉬운 일이 아니라는 것을 우리는 잘 알고 있다. 그래서 우리는 매일 우리의 몸을 하나님께 산 제물로 바쳐야 한다고 하였다. 하나님께 바친 제물을 사탄이 먹을 수는 없기 때문이다.

그런데 자신의 종으로 부려왔던 우리의 육체를 사탄은 쉽사리 포기 하지 않는다. 바로가 노예로 부렸던 이스라엘 백성을 쉽게 내어주지 않은 것과 같은 이치라 할 수 있겠다. 그러나 성령으로 거듭난 우리는 죄의 본질이며 우리를 사망으로 이끌어가는 것을 목적으로 존재하는 사탄의 전략에 쉽사리 넘어가지 않는다. 사탄의 전략 또는 사탄의 수법은 선악과를 따 먹도록 하는데 성공한 자신의 역할에 잘 드러나 있다.

먼저 죄로 우리를 유혹하는 단계이다.

예를 들어서 여자를 보고 음욕이 생기게 하는 것이다.

다음으로 음욕에 빠지게 하는 단계이다.

즉 먹음직도 하고 보암직도 하고 지혜롭게 할 만큼 탐스럽게 하도록 하는 단계이다. 이것을 예수님께서는 여자를 보고 음욕을 품는 것이라 하였고 음욕을 품는 자마다 간음한 자라고 하였다.

마지막 단계는 그 욕정을 참지 못하고 그 여자를 범하는 단계이다.

세상법의 기준으로 보았을 때 마지막 단계에 속한 자만을 죄인이라고 하지만 성령으로 택함을 받은 백성들은 두 번째 단계에 속한 그 사람부터 죄인임을 알고있다. 왜냐하면 두 번째 단계는 사탄의 꼬드김에 넘어가서 사탄과 어우러지고 있는 단계이기 때문이다. 하나님의 질투심은 이 단계에 들어간 사람을 용납하지 못할 것이고 따라서 하나님께 큰 죄를 짓는 것이 될 것이다.

사탄은 우리의 미워하는 마음을 자극하여 분노로 치닫도록 하기도 하고, 시기하는 마음을 잘 가꾸어서 이유 없이 불행해 지도록 하기도 한다. 근심, 걱정, 염려, 불안으로 몸 둘 곳을 모르게 하기도 하고, 욕심으로 눈을 가리어 우리가 소유한 소중한 것에 대한 가치를 보지 못하도록 한다. 우리의 원수는 사람가운데 있지 않고, 사람을 조종하는 사탄이라는 것을 성경과 성령님을 통해서 알 수가 있다.

원수는 왜 존재하는 것일까? 원수는 물리치기 위해 존재하는 것이다. 그런데 우리의 원수는 눈에 보이지 않는다. 성령님이 아니고서는 원수의 실체를 알지 못함으로 원수와 싸울 수 없고, 자신도 모르게 원수의 종노릇 하면서 살아갈 수밖에 없다. 손자병법에 적을 알고 나를 알면 백전백승이라 했다. 원수와 싸워 이기기 위해서는 적의 능력과 침투 방법, 그리고 적의 전략에 대해 잘 알아야 한다.

싸우지 않고 이기는 방법은 적이 침투하지 못하게 하거나 침투하더라도 스스로 물러나게 하는 것이다. 작전에 실패한 지휘관은 용서할 수 있어도 경계에 실패한 지휘관은 용서하지 못한다는 격언에서 알 수 있는 바와 같이 전쟁에 있어서 경계의 중요성은 아무리 강조해도 지나치지 않을 것이다.

경계를 잘한다는 것은 항상 깨어 있어야 하고 적을 구분할 수 있어야 한다. 그리고 적이 분명하다고 판단 될 때에는 즉시 상관에게 보고하여야 한다. 그런데 경계병의 기본 임무는 경계 자체에 있을 뿐 밀려오는 적과 대항해서 싸우도록 한 것이 아니고 싸울 힘도 없다. 경계병의 임무는 적의 침투를 신속히 상부에 알리어 적과 전쟁을 할 수 있도록 하는 것이다. 우리는 곧 경계병이다. 우리의 상급부대 지휘관은 예수님이고 우리의 원수는 사탄이다. 그러므로 우리는 항상 깨어 있어야 한다.

사탄은 우리의 취약한 부분을 뚫고 침공할 기회를 음흉하게 노리고 있다. 우리가 졸고 있을 때 사탄은 우리 안에 들어와 우리의 영혼을 파괴하기 시작한다. 호미로 막을 것을 가래로 막아야 하는 상황이 된 것이다. 이때에 우리는 우리의 지원군을 요구해야 한다. 우리의 잘못을 시인하고 우리의 대장되신 예수님께 간곡히 지원군을 요청할 때 우리는 승리할 수가 있다.

우리는 우리의 적이 우리가 대항하기에는 너무 강하다는 것을 잘 알고 있기에 스스로 싸우려고 하지 않는다. 우리 스스로 대적하려고 하면 백전백패가 되는 것이고, 우리는 한 걸음 물러서서 예수님을 앞세우기만 하면 백전백승이 되는 것이다.

승리의 기본요건은 적과 싸워야 한다는 마음의 자세이다. 적과 타협한다면 도움을 필요로 하지도 않고 도와줄 이도 없다. 그러니 우리는 우리의 적으로부터 우리를 지켜내기 위한 경계요원임을 알게 된다. 우리를 지켜낸다 함은 곧 하나님의 나라를 지켜내는 것이다. 왜냐하면 우리는 하나님이 거하시는 거룩한 성전이기 때문이다.

우리는 경계를 잘 섬으로 하여 하나님의 나라를 지켜 내느냐, 경계를 게을리 하여 하나님의 나라를 사탄에게 내어 주느냐 하는 중차대한 임무를 띠고 살아가고 있다. 경계를 잘하는 병사는 지휘관으로부터 표창을 받는다. 우리도 경계를 잘 섰을 때 우리의 지휘관 되신 예수님으로부터 표창을 받을 것이다. 표창에는 부상이 있기 마련이다.

그 부상은 무엇인가? 그것은 경계병들 모두의 최고 소망인 천국의 입장권이다. 우리가 경계를 게을리 하지 않을 수 없는 이유가 바로 여기에 있다. 천국의 입장권은 들어갔다가 나와야하는 입장권이 아니라 한 번 들어가면 나오고 싶지도 않고 영원히 나올 필요도 없는 천국 시민권이다.

창세전부터 하나님은 천국 백성을 만들고자 하는 계획 하에 우리를 창조하셨다.

우리를 만들기 전에 천사를 만들었으나 천사들이 배신함으로 하여 영원히 하나님을 배신하지 않을 하나님의 백성이 필요하게 된 것이다.

'유한한 생명을 전부로 알고, 유한한 소망으로 살아가는 우리에게 무한한 생명이 있음을 알게 하시고 영원한 생명을 위하여 살도록 하신 우리 하나님 아버지께 영광과 찬양과 경배를 드립니다. 아멘'

6.
가인과 아벨

5 가인과 그의 제물은 받지 아니하신지라 가인이 몹시 분하여 안색이 변하니 6 여호와께서 가인에게 이르시되 네가 분하여 함은 어찌 됨이며 안색이 변함은 어찌 됨이냐 7 네가 선을 행하면 어찌 낯을 들지 못하겠느냐 선을 행하지 아니하면 죄가 문에 엎드려 있느니라 죄가 너를 원하나 너는 죄를 다스릴지니라 8 가인이 그의 아우 아벨에게 말하고 그들이 들에 있을 때에 가인이 그의 아우 아벨을 쳐죽이니라"(창세기 4:5-8)

본문 말씀은 세상에 너무도 잘 알려진 가인과 아벨에 대한 이야기이다. 본문 말씀에서 "하와가 잉태하여 가인을 낳은 후 내가 여호와로 말미암아 득남하였다" 한 것으로 보아 가인은 하와의 첫 아들인 것으로 추측된다. 아벨이 몇 번째 아들인지 알 수는 없으나 가인의 경쟁 대상이었던 것으로 보아 나이 차이가 그렇게 많지는 않았을 것으로 보인다. 가인의 바로 밑 동생이었을 것으로 짐작이 된다.

아벨은 양치는 자였고, 가인은 농사하는 자였다는 말씀을 통해서 가인과 아벨이 분가하여 살고 있었을 때일 것으로 생각된다. 가인과 아벨의 아내는 그들의 누이들 중 어떤 이들이었을 것이다. 세월이 지난 후라고 하였는데 어느 정도의 세월이 지났는지 알 수가 없다.

그러나 25절과 5장 3절에 비추어 생각해 보면 가인의 나이가 130세 가까이 되었을 것으로 추측된다. (아담이 1세때 가인을 낳았다고 가정하면 아담이 130세에 셋을 낳았고 셋을 낳았을 때 가인의 나이는 129세 정도라고 할 수 있다. 아담이 하나님께서 셋을, 죽은 아벨 대신에 주셨다고 하신 것으로 보아서 아벨이 죽은 지 얼마 안 되어서 셋이 태어난 것으로 보인다.)

그들이 여호와께 제사를 드렸다고 하였는데 그것이 그들이 드린 처음 제사인지는 알 수가 없다. 그런데 그들이 동시에 처음 제사를 드리지는 않았을 것이므로 처음 제사는 아닐 것 같다. 즉 그들은 부모로부터 분가하여 매년 여호와께 제사를 드려왔을 것이다. 그들이 여호와께 제사를 드린 것은 그들의 부모님으로부터 물려받았기 때문일 것이다. 그들의 부모 곧 아담과 하와는 매년 하나님께 제사를 드렸을 것이고, 그들도 분가하여 그들의 부모님이 했던 것과 같이 제사를 드렸을 것이다. 그러면 아담과 하와는 어떻게 제사를 드렸을까? 그리고 제사를 드리게 된 것이 그들 스스로 알아서 드린 것일까, 아니면 하나님께서 명령하신 것일까?

아담과 하와가 범죄 함으로 하여 그들을 에덴에서 쫓아 내셨다고만 되어있는데 그들을 쫓아내신 후 하나님께서는 아담과 하와에게 전혀 나타나지 않았을까? 하나님께서 가인에게 나타나신 것과 가인에게 나타나신 하나님을 보고도 전혀 놀라지 않는 가인의 반응을 보고 짐작컨대 하나님께서는 가끔 아담의 집에 모습을 보이셨고, 아담의 자녀들도 자라면서 아담과 하와에게 찾아오신 하나님을 뵌 적이 있었을 것으로 생각된다. 또한 14절에서 가인이 하나님께 "주께서 이 지면에서 나를 쫓아 내시온즉 내가 주의 낯을 뵙지 못하리니"라고 말하는 것으로 보아 가인은 하나님을 보면서 살아왔음을 알 수가 있다.

하나님께서는 아담과 하와로 하여금 매년 어느 때 어떠한 형식으로 제사를 올리라고 말씀하셨을 수도 있고 아담과 하와가 스스로 그들의 양식을 주신 하나님께 감사의 제사를 올렸을 수도 있다. 그런데 하나님께서 제사의 형식을 알려 주셨다고 하면 아담과 하와는 그 형식에 맞게 제사를 드렸을 것이고 그들의 아들들인 가인과 아벨도 그들의 부모님께서 드린 제사의 형식에 따라서 제사를 드렸을 것이다.

두 자녀가 드린 제사의 형식이 다른 것으로 보아 제사의 형식이 표준화 되어 있지는 않았을 것으로 보인다. 즉 아담과 하와는 자신들이 수확한 곡식과 기른 양을 잡아서 나름대로 하나님께 제사를 올렸을 것이다.

아담과 하와는 농사도 하고 양도 치면서 부유하게 살았을 것이고 수많은 자녀들을 분가 시키었을 것이다.(그 당시 약 40명의 자녀와 약 7대에 걸쳐서 수천명의 자손을 두었을 것으로 추산됨) 그 자손들은 자신들의 취향에 맞게 농사를 짓기도 하고 양을 치기도 하고 농사를 하면서 양을 치기도 하며 살았을 것이다. 그런데 가인의 주업은 농사이고 아벨의 주업은 양을 치는 일이었다고 되어 있다. 가인과 아벨은 같은 날 같은 시각 같은 장소에서 제사를 드렸던 것 같다.

전에도 그렇게 하였는지 아니면 그날만 그렇게 하자고 약속하여 그렇게 하였는지는 알 수가 없다. 한 가지 추측해 볼 수 있는 것은 그들이 함께 제사를 드리고 하나님께서 누구의 제물을 받으시는지 시험해 보는 자리였을 수도 있다.

그런데 하나님께서는 아벨과 그의 제물은 받으시었으나 가인과 그 제물은 받지 아니하신 것이다. 하나님께서는 왜 가인과 가인의 제물을 받지 않으셨을까? 본문 말씀에서 하나님께 대한 가인과 아벨의 정성의 차이를 발견할 수가 있는데 아벨은 양의 첫 새끼로 제사를 드렸고 가인은 땅의 첫 소산이라는 말이 없이 땅의 소산이라고만 되어있다. 처음 것을 중요하게 생각하시는 하나님의 성품으로 보아서 하나님께서 받지 않으신 이유는 바로 이것 때문이 아닌가 하고 생각해 볼 수가 있다.

그런데 단순히 이러한 것 때문만은 아닐 것이다. 가인의 하나님에 대한 사랑과 감사가 충만하였다고 하면 제사도 정성을 다해 드렸을 것이고, 그 정성스러운 마음은 자연히 처음 수확한 곡식을 하나님께 올리는 것으로 나타났을 것이다. 가인의 제사는 단지 제사를 드리기 위한 제사로서 감사와 사랑이 들어가 있지 않은 형식적인 제사였을 것이다. 그래서 하나님께서는 가인과 가인의 제물은 받지 않으셨을 것으로 여겨진다.

하나님께서는 단지 제사의 형식만을 문제 삼으신 것이 아니고 제사의 내용을 문제 삼으셨을 것이다. 반면 아벨은 양의 첫 새끼와 그 기름으로 제사를 드렸다.

첫 새끼를 드린다는 것은 하나님께 대한 경외심의 표현이고 기름을 내어 드렸다는 것은 지극히 정성을 드렸음을 의미할 것이다. 그래서 하나님께서는 그 제사를 기뻐 받으셨을 것이다. 가인의 성격은 비교적 거칠고 무뚝뚝하며 섬세하지 않았던 것 같고 아벨은 온화하고 다정다감한 성품이었을 것으로 느껴진다. 동생 아벨을 죽이고서도 "내가 내 아우를 지키는 자이니까?"라고 하나님께 반문한 것으로 보아 하나님의 권능을 알지도 못하는 교만하고 무지한 자였던 것 같다. 가인이 에서에 가깝다면 아벨은 야곱에 가까운 성격이지 않을까 생각해 볼 수 있겠다.

가인은 자신의 제물이 열납 되지 않은 이유가 하나님에 대한 사랑과 정성의 부족이었음을 깨달아 알고 하나님께 사죄의 제사를 정성을 다하여 올렸어야 했고 하나님께서 가인에게 바라시는 것도 그러한 것이었을 것이다. 그런데 가인은 하나님께서 자신의 제물을 받지 않으신 이유를 자신에게서 찾으려 하지 않았다. 아마도 가인은 땅의 소산인 오곡백과와 갖가지 과일로 아벨 보다 더 풍성하게 제사를 드렸을 것이다.

이에 비해 아벨의 제물은 가인이 보기에 자신의 제물에 비해 매우 조촐하게 보였을 것이다. 속으로 생각하기를 저렇게 형편없는 제물을 하나님께서 기뻐 받으실까? 하고 우쭐대었을 것이다. 그런데 자신의 제물은 거들떠보지도 않으시고 아벨의 제물만을 받으시는 하나님을 가인은 이해할 수가 없었을 것이다. 하나님께 대한 분노와 섭섭한 마음이 아벨에 대한 시기심과 증오심에 불을 지피었고 이러한 마음의 상태가 가인의 얼굴에 그대로 드러났을 것이다. 즉 심히 분해하며 안색이 변하였던 것이다. 가인은 하나님께서 아벨을 편애하신다고 생각하였을 것이다.

가인의 아벨에 대한 반감과 시기심은 여기에서 시작된 것은 아니었을 것이다. 섬세하고 온화한 성품을 지닌 아벨은 부모님의 마음도 잘 헤아려 부모님의 뜻에 어긋나지 않게 살아왔을 것이기 때문에 가인에 비해 부모님의 사랑도 더 많이 받아왔을 것이다. 이러한 아벨의 모습이 가인에게는 눈엣가시이었을 것이다.

아벨 때문에 자신이 부모님의 사랑을 받지 못한다고 생각하며 아벨을 한없이 원망하고 미워했을 것이다. 그렇게 밉고 싫은 아벨이 하나님의 사랑까지 독차지 한다고 생각하니 이러한 아벨을 더 이상 두고 볼 수는 없다고 생각했을 것이다.

그래서 아벨을 죽여야겠다는 생각을 하게 되었을 것이다. 하나님께서는 그 마음을 그대로 읽으시고 "선을 행치 아니하면 죄가 문에 엎드리는 것"이라고 말씀하신다. 그리고 "죄의 소원은 네게 있으나 너는 죄를 다스릴지니라"라고 경고하신다.

살인하고자 하는 마음을 부추기기 위해 문 앞에 엎드려 있는 죄의 모습을 하나님께서는 보시고 계신 것이다. 문 앞에 엎드려 있는 죄는 곧 사탄임을 알 수 있다. 사탄은 매우 낮은 자세로 가인의 마음의 문 앞에 엎드려 있다. 그리고 가인의 영혼을 향하여 '그래 그 길 밖에는 없어. 아벨을 죽여야 한다'라고 속삭인다. 하나님께서는 죄가 들어올 때 죄는 사람의 마음의 문 앞에 엎드려 있는 것이라고 말씀하신다. 그러니 우리는 죄를 다스릴 수 있고, 죄를 물리칠 수가 있다는 것이다. 그런데 그 죄를 들어오도록 받아들이면 그 죄가 왕 노릇 하게 될 것이다. 그래서 하나님께서는 죄가 문 앞에 엎드려 있을 때 그 죄를 다스리라고 말씀하셨습니다. 죄를 다스린다는 것은 죄를 들어오지 못하게 하는 것이다.

죄의 소원 즉 사탄의 소원은 가인에게 있다고 하였다.

사탄의 소원은 가인의 영혼을 무너뜨리는데 있는 것이지 아벨을 죽이는 데 있지 않다는 의미의 하나님의 말씀을 가인은 이해하지 못했다. 그러한 죄의 계책에 넘어가지 말고 죄를 다스리라고 말씀하신다. 그러나 자신의 부모이신 아담과 하와가 그랬던 것 같이 그 죄를 다스리려고 하지 않았다. 그 죄의 꼬임에 넘어간 것이다. 아담과 하와와 다른 점이 있다면 가인은 죄의 정체도 모르고 죄에게 당했다는 것이다. 그러니 핑계를 댈 수도 없이 죄의 대가를 자신이 감당할 수밖에 없었다.

가인은 죄가 하라는 대로 동생 아벨을 돌로 쳐 죽였다. 가인은 전혀 깨닫지 못했다. 자신은 아벨의 육체만을 죽였으나 아벨을 죽임으로 자신의 영혼이 죽임을 당하게 된다는 것을. 죄를 들여보낸 가인은 죄가 가인에게서 왕 노릇 하게 되었고 그 죄는 가인으로 하여금 평생 죄책감에 사로 잡혀 살도록 하였다. 그래서 가인은 고백한다. 내 죄벌이 너무 중하여 견딜 수 없다고.

지금 우리는 참으로 행복한 시대에 살고 있다. 예수님께서 가인과 같이 죄로 인해 죽을 수밖에 없는 우리를 보혈의 피로 구원하시고 성령을 보내시어 우리를 죽음으로 이끌어 가는 사탄의 존재를 볼 수 있는 눈을 우리에게 주셨기 때문이다. 그리고 역시 우리 곁에 계시는 성령님께서 우리의 기도를 들으시고 우리가 원하면 우리의 문 앞에 엎드려 있는 사탄을 물리쳐 주신다는 것을 알게 하였다. 그러니 사탄은 더 이상 우리를 자신의 뜻대로 끌고 가지 못한다.

사탄에게 이끌리어 우리를 구속했던 미움과 시기와 질투 그리고 근심과 염려와 걱정과 불안으로부터 자유롭게 하시어 우리를 평안으로 인도하신 하나님의 은혜에 감사와 찬송을 드린다. 아멘

7.
먼저 된 자와 나중 된 자

"30 그러나 먼저 된 자로서 나중 되고 나중 된 자로서 먼저 될 자가 많으니라"(마태복음 19:30) "16 이와 같이 나중 된 자로서 먼저 되고 먼저 된 자로서 나중 되리라"(마태복음 20:16)

본문 말씀은 예수님께서 비유를 통해 천국을 설명하신 내용이다. 예수님께서는 천국을 품꾼을 얻어 포도원에 들여보내려고 이른 아침에 나간 집주인과 같다고 하신다. 그런데 포도원 주인이 좀 특이하다. 품꾼은 일하기 전날까지 구하는 것이 보통인데 이 주인은 당일 이른 아침에 구하러 나가고 있다.

일을 시키는 것이 목적이 아니고 일감이 없어 놀 수밖에 없는 사람들에게 일감을 주기 위한 주인의 수고가 돋보이는 부분이다. 이른 아침에 일감이 없는 사람을 찾아서 하루 품삯인 한 데나리온을 약속하고 그들을 포도원에 들여보내는 주인의 일은 계속된다.

삼시 즉 우리 시간으로 아홉시에 장터에서 놀고 있는 사람들을 보고 이들에게는 일한만큼의 대가를 지불하겠다고 하고 포도원에 들여보낸다. 제 육시와 구시인 정오와 오후 3시까지 주인의 구인 작업은 계속된다. 주인은 오후 5시까지 종일토록 놀고 있는 자들까지도 포도원에 들여보낸다. 날이 저물어 임금을 주어야 할 시간에 주인은 청지기에게 나중 온 자로부터 시작하여 먼저 온 자 순으로 임금을 지급하라고 하셨다.

종일토록 놀고 있었던 자 즉 한 시간 밖에 일하지 않은 자인 나중 온 자들이 한 데나리온의 임금을 받는다. 이것을 지켜본 본 먼저 온 자들은 자신들이 일한 시간을 신속히 계산하고 일한 시간 수만큼의 데나리온을 받을 것으로 기대했을 것이다. 그런데 자신들의 기대와는 달리 나중 온 자와 마찬가지로 한 데나리온 밖에 주지 않은 것이다.

먼저 온 자들은 크게 실망하였다.

그래서 주인에게 따지기 시작한다. 종일토록 일을 한 자신들을 한 시간 밖에 일을 하지 않은 나중 온 자들과 똑 같이 대우했다는 것이다. 한 시간 일을 한 나중 온 자들에게 십분의 일 데나리온을 지급하거나 먼저 온 자신들에게 10데나리온을 지급하는 것이 마땅하다는 것이리라. 주객이 전도되고 있는 모습이 아닐 수 없다. 선악과를 따 먹고 우리의 주인이신 하나님을 등지고 우리들이 선악의 주체가 되어 살아가고 있는 이 세상 사람들의 모습 곧 우리들의 모습이 잘 그려져 있다.

할 일이 없어서 놀 수밖에 없는 자신들을 찾아서 자신들에게 일감을 주었던 주인의 은혜는 잊어버리고 주인의 처사가 불공정하며 공의롭지 못하다며 주인을 책망하는 것이다. 자신들이 받기로 한 임금을 받았기 때문에 주인이 약속을 어긴 것은 아니다. 단지 품꾼인 자신들에게 자기들이 일한 분량에 따라 차등 있게 임금을 지급하는 것이 당연함에도 불구하고 먼저 온 자나 나중 온 자에 관계없이 똑같이 하루 일당인 한 데나리온을 지불한 것이 잘못이라는 것이다. 주인이 자신들의 뜻대로 하지 않고 주인의 뜻대로 행한 것이 잘 못 되었다는 것이다. 비유를 마치신 주님은 이와 같이 나중 된 자로서 먼저 되고 먼저 된 자로서 나중되리라고 하신다.

그런데 나중 된 자가 먼저 된다는 말이 무슨 뜻일까?

이 뜻을 알기 위해서는 이 비유가 19장 30절 "그러나 먼저 된 자로서 나중 되고 나중 된 자로서 먼저 될 자가 많으니라" 의 그러나 에서 시작되었다는 것을 상기할 필요가 있다.

주님께 무슨 선한 일을 하여야 영생을 얻을 수 있겠느냐는 질문을 한 부자 청년에게 예수님께서는 십계명을 다 지키어 라고 하신다. 십계명을 다 지키었다고 말한 청년을 향해 예수님께서는 다시 말씀하신다. 네가 온전하고자 할진대 가서 네 소유를 팔아 가난한 자들에게 주고 나를 따르라고 하신다. 그리고 제자들에게 낙타가 바늘귀로 들어가는 것이 부자가 천국에 들어가는 것 보다 쉬우니라고 말씀하신다. 그러면서 덧붙이신다. 사람으로는 할 수 없으되 하나님으로서는 다 할 수 있느니라고.

예수님께서는 계속해서 말씀하신다. 또 내 이름을 위하여 집이나 형제나 자매나 부모나 자식이나 전토를 버린 자마다 여러 배를 받고 또 영생을 상속하리라고. 우리 중에 그와 같이 할 수 있는 사람은 없다.

영생을 얻기 위해 사람으로서는 할 수 없다는 것 즉 율법의 행위로서는 구원 받을 수 없다는 것을 확실하게 못 박고 계심을 알 수가 있다. 이 일을 하실 수 있는 분은 오직 하나님이신 예수님 밖에 없기 때문이다. 이 말씀을 하시고 그러나 먼저 된 자로서 나중 되고 나중 된 자로서 먼저 될 자가 많으니라 라는 말씀으로 이어진 것이다.

그러니 포도원에 먼저 온 자들이 먼저 된 자들이고 이들은 부자 청년과 같이 율법을 지키어 영생을 얻을 수 있다고 생각한 사람 즉 바리새인으로 대표되는 유대주의 사람들 이라고 할 수가 있다.

먼저 된 자들의 특징은 무엇인가?

일을 시키기 위한 것이 아니라 일감을 주기 위해 일을 하도록 한 주인의 선한 뜻을 파악하지 못하고 자신들이 받은 임금은 자신들이 일한 대가로서 당연히 받아야 한다고 생각한 사람들이다.

품꾼들을 구하는 목적이 일을 시키기 위함이었다면 주인은 일을 시키기 일주일이나 열흘 전에 미리 구해 놓았을 것이다. 그런데 주인은 당일 이른 아침부터 시작하여 종일토록 일꾼들을 찾아 나선 것이다. 일을 하고 싶어도 일할 곳이 없는 사람을 찾아 그들에게 일감을 주기 위함이었기 때문이다. 그러므로 먼저 온 자나 나중 온 자 모두 주인의 은혜를 입은 것은 마찬가지이다. 먼저 온 자가 나중 온 자에 비해 혜택을 덜 받았을 뿐 주인의 은혜가 없었다면 그들은 모두 한 데나리온의 임금을 받을 수 없는 자들이다.

나중 온 사람들은 오직 자신들에게 베푼 주인의 은혜만을 생각하게 된다. 그래서 그들은 주인의 은혜에 감사할 뿐 주인에 대한 어떠한 불만도 갖지 않는다. 반면에 먼저 온 자들은 일한 시간에 관계없이 자신들과 똑 같이 한 데나리온의 임금을 지급한 주인의 행사가 극히 부당하다고 생각하게 된다. 자신들이 필요 이상의 많은 일을 했다는 억울한 생각과 함께 한 시간 밖에 일하지 않고 하루 일당을 받아가는 나중 온 사람에 대한 시기심이 생겨나게 된다. 이러한 시기심은 주인에 대한 증오심으로 바뀌게 된다. 또한 주인을 얕잡아 보기까지 한다.

그래서 주인에게 대든다. 왜 저들을 종일토록 수고와 더위를 견딘 우리와 같이 대우했냐는 것이다. 주님께서는 주인의 입을 통해 주님이 그들 아니 우리들에게 해주려고 준비한 말씀으로 통쾌한 일침을 가하신다. 네가 받기로 한 것이나 가지고 가라,

내 것 가지고 내 뜻대로 선하게 쓴 것이 잘못되었느냐? 라고. 그러면서 주님은 말씀하신다.

이같이 "나중 된 자로서 먼저 되고 먼저 된 자로서 나중 되느니라" 라고. 나중 된 자, 즉 나중 온 자 들은 주인의 은혜를 가장 많이 받은 자로서 주인에 대한 믿음과 사랑이 충만한 자들이고 이러한 자들이 영생을 얻는다는 뜻이다.

그들은 그들의 지혜나 능력등 사람 됨됨이가 훌륭해서가 아니고 오로지 천국의 주인이신 예수님의 은혜에 의해서만이 먼저 된 것 즉 천국에 들어가게 된다고 생각한 사람들이다. 포도원에 먼저 온 자들과 같은 사고를 가진 자들은 천국에 합당하지 않다는 것을 강조하여 말씀하고 계신 것이다.

그도 그럴 것이 천국이 어떤 자격이나 조건을 갖춘 자들이 들어가는 곳이라면 천국에 들어간 사람들은 서로 이야기 할 것이다. 너는 어떤 선한 일을 했기에 천국에 들어왔느냐고.

그 때 그들은 자신들이 세상에서 했던 선한 일들을 하나하나 늘어놓을 것이다. 듣는 사람들은 생각할 것이다. 그들이 했다고 한 일들이 자신들이 한 일에 비하면 아무것도 아니라는 것을. 그리고는 천국의 주인이신 주님께 자신들이 일한 것에 알맞은 처우를 해 달라고 당당히 요구할 것이다.

결국 천국은 이 세상과 다름없이 주객이 전도된 세상이 되고 말 것이다. 백성이 모두 주인이 되어 자신들이 정한 기준대로 선악을 판별하면서 살아가고 있는 우리들의 사고방식으로는 천국에 들어갈 수 없다는 것이다. 우리의 생각을 버리고 주인이신 하나님이 하시는 모든 것은 참되고 선하다고 생각하는 것이 천국 백성에 합당한 가치 기준이라는 것이다. 나중 온 자들은 단지 나중에 왔을 뿐 그들의 본성이 선하다거나 타고난 능력이 뛰어나다거나 하는 것이 아니다. 우리 중에 누구든지 포도원에 먼저 들어갔다면 먼저 들어간 자들의 반응이 나왔을 것이고 나중에 왔다면 나중에 들어간 자들의 반응이 나왔을 것이다.

우리가 천국에 들어가기 위해서는 예수께서 주신 피로 주님과 한 몸이 되어 들어간다는 것은 주지의 사실이다. 우리의 어떠한 행위도 천국에 들어갈 조건이 될 수가 없다. 예수님의 일방적인 선택과 은혜에 의해서만이 영생을 누릴 수가 있음을 예수님께서는 포도원 품꾼의 비유를 통해 그리고 성경 전체를 통해 우리에게 말씀하고 계신다. 우리는 먼저 된 자인가 나중 된 자인가? 우리는 먼저 된 자 즉 먼저 온 자가 맞다. 우리는 이 세상에 살면서 율법주의 사고방식에 길들여져서 살아가고 있기 때문이다. 그리고 신앙생활을 통해 우리의 사고방식을 천국에 합당한 것으로 바꾸어 가고 있는 과정 중에 있는 사람들이다.

천국은 우리가 하나님과 함께 영원히 사는 곳이다.

우리가 일한 만큼의 대가를 주장한다면 그 일의 대가만 받고 끝나 버리는 것이다. 이러한 사람들에게 예수님은 단호하게 말씀하신다. 네가 수고한 대가나 가지고 가거라. 즉 다시 보고 싶지 않다는 것이다. 예수님께서 주시고 싶은 것은 천국이고 천국은 오직 주님의 은혜로서만이 들어갈 수 있는데 은혜의 변수를 무시하고 자신들에 대한 처우가 상대적으로 낮다는 주장을 하면서 주인을 질책하는 자들과는 주님이 함께할 수 없다는 것이다.

이 세상의 어떤 가치로도 환산할 수 없는 천국의 입장권을 우리의 힘과 노력으로 쟁취 하고자 한다는 것 자체가 모순이다. 그러니 율법주의자는 잘난 척 하지만 실제로는 바보인 것이다. 루터의 종교 개혁의 핵심은 오직 믿음 오직 은혜 오직 성경이다. 즉 성경이 담고 있는 내용은 오직 믿음과 은혜에 의해서만이 구원이 이루어진다는 것이다.

창세부터 말세까지 하나님이 하시는 일은 하나님 백성 만들기이다. 타락한 이 세상에서 구하기로 예정하신 하나님의 백성을 구별해 내시어 그들을 천국에 합당한 자로 만들어서 천국에 들이는 일. 하나님께서는 그 일을 하고 계신 것이다. 이 시간 먼저 온 우리들이 나중 온 자와 같이 되어서 천국에 들어간다는 말씀의 진의를 깨달아 알게 되는 귀한 시간이 되었으면 한다.

'사랑의 하나님 아버지!

오늘 말씀을 통해 구원은 오직 주님의 일방적인 선택과 은혜에 의해서만이 이루어진다는 것을 다시 한 번 깨달아 알게 되었습니다. 항상 저희와 함께하여 주시고 저희를 영원한 생명의 길로 인도하여 주시옵소서. 예수님의 이름으로 기도드립니다. 아멘'

8.
주 안에서 자랑하라

"28 하나님께서 세상의 천한 것들과 멸시 받는 것들과 없는 것들을 택하사 있는 것들을 폐하려 하시나니 29 이는 아무 육체도 하나님 앞에서 자랑하지 못하게 하려 하심이라 30 너희는 하나님으로부터 나서 그리스도 예수 안에 있고 예수는 하나님으로부터 나와서 우리에게 지혜와 의로움과 거룩함과 구원함이 되셨으니 31 기록된 바 자랑하는 자는 주 안에서 자랑하라 함과 같게 하려 함이라"(고린도전서 1:28-31)

십자가의 도가 우리에게 주는 의미는 무엇일까? 십자가는 마른 나무이고 예수님은 그 마른 나무에 매달려 자신의 육체를 스스로 태웠다. 죄에 속은 인간들의 삶의 목적은 자신의 육체의 영광을 구하는 것이다. 육체는 유한한 것으로, 유한한 것은 때가 되면 없어지게 되어 있다. 없어질 것에 소망을 둔다면 그 소망은 없어질 것과 함께 없어지게 될 것이다.

그러나 무한한 것이 있고 그 무한한 것에 소망을 둔다면 그 소망은 무한한 것과 함께 영원할 것이다. 주님께서는 십자가에서 이것을 증명해 보이셨다. 인간들이 그토록 소중히 여기는 육체를 말려 죽이시고, 유한한 육체가 전부가 아니고 육체가 죽는다고 하여도 영혼은 살아 있어서 영원한 몸 안에서 부활하게 된다는 것을 몸소 보이신 것이다.

멸망하는 자들은 멸망하는 것만 바라 볼 뿐 영원한 것을 보지 못하기 때문에 십자가의 도를 믿는 자들이 어리석게 보일 수밖에 없을 것이다. 즉 멸망하는 자들은 부활하지 못한 십자가 위의 나약한 예수, 육체의 예수만을 바라볼 뿐 부활한 예수 능력의 예수를 볼 수 있는 눈이 없는 것이다. 그 눈을 가진 사람은 누구일까?

하나님께서는 태초부터 하나님께서 구원하시기로 작정한 사람에게만 그 눈을 주시기로 작정하신 것이다. 아무리 지혜 있는 사람이라고 할지라도 그리고 아무리 총명한 사람이라고 할지라도 자신의 지혜와 총명으로는 하나님을 알 수가 없다.

그러므로 니이체 같은 능력가도 스스로 하나님을 알기 위해 발버둥 치다가 알지 못하고 신은 죽었다는 결론에 이르게 된 것이다. 그러므로 하나님을 아는 데 있어서는 자신의 지혜와 총명이 아무런 쓸모가 없다는 것을 알 수가 있다. 오직 전도의 미련한 방법을 통해 하나님께서 직접 알려 주시지 않으면 하나님을 알지 못한다는 것을 하나님을 알고 있는 우리는 알 수가 있을 것이다.

이같이 하여야 만이 구원하시기로 미리 정한 사람만을 구원 하실 수가 있기 때문에 하나님께서는 이러한 방법을 기뻐 사용 하신 것이다. 유대인은 어떤 사람들일까? 하나님의 전지전능하 신 능력을 몸소 체험한 사람들이다.

10가지 기적을 행하여 자신들을 노예에서 구출해 내셨고, 홍 해를 갈라 마른 땅을 만들어 바다를 건너게 하시었으며 물 없는 사막에서 장정만해서 70만이 넘는 자신의 민족들을 40년간 먹여 살리시었다.

이 밖에도 여리고 성을 단숨에 무너뜨리는 등 수 많은 기적 을 행하여서 그들에게 주기로 약속하신 가나안 땅을 그들의 손 에 넘겨주시었다. 이처럼 하나님께서는 수많은 이적을 행하심으 로 하여 그들을 도와주시었으나 그들이 계명을 어기고 하나님 이외의 다른 신을 섬김으로 하여 수없이 많은 징계를 받았다.

그럼에도 불구하고 순종하지 않자 결국 70년간 바벨론의 손 에 맡기어 온갖 치욕을 감수하도록 하시었다. 이처럼 유대인에게 있어서의 하나님은 자신들이 계명만 잘 지키면 자신들에게 세상 을 지배할 수 있는 강력한 힘을 주시는 권능의 하나님일 것이다. 그러므로 십자가에 매달려 초라한 모습으로 말라 죽어가는 무능 력한 예수는 자신들이 기다리는 메시아일 수가 없는 것이다.

다시 말해서 표적으로 능력을 보여주지 않는 초라한 예수가 하나님이라는 것은 어불 성설일 것이다. 유대인이 표적을 구한다는 것은 이러한 의미에서 하는 말씀이라는 것을 알 수가 있을 것이다.

헬라는 일찍이 과학문명과 문화가 발달한 나라이며 종교는 다신교로서 수많은 신들이 섬김의 대상이었으나 신은 신일 뿐이고 신이 사람이 되어서 사람에게 맞아 죽는 예수를 하나님이라고 믿는 것은 그들이 보기에 어리석은 일일 수밖에 없을 것이다. 유대인이나 헬라인이 부르심을 받을 수 있는 것은 그들이 구하는 표적에 의한 것도 아니요 지혜에 의한 것도 아닌 오직 하나님의 능력에 의한 것이라는 말씀이다.

하나님의 미련한 것과 하나님의 약한 것이란 말은 무슨 뜻일까? 문자 그대로 받아들이면 말이 안 되는 소리일 것이다. 전지전능하신 하나님은 미련할 수도 약할 수도 없기 때문이다. 이것은 미련한 사람 안에 계신 하나님 또는 약한 자 안에 계신 하나님으로 해석하면 쉽게 이해할 수가 있을 것이다.

다시 말해서 아무리 미련하고 약한 자라 할지라도 그리스도를 품고 있으면 그리스도를 배척한 그 어떤 사람보다도 지혜롭고 강하다는 것이다.

26절부터 29절의 내용도 앞의 내용과 연결 지어서 잘 이해해야 할 것 같다. 왜냐하면 이 구절만 떼어서 읽으면 마치 세상에서 지혜 있고 강하고 있는 자들이 하나님을 믿는 자들 앞에서 자신의 지혜를 부끄럽게 생각하고 약해지며 없는 자와 같이 겸손해진다는 뜻으로 비칠 수가 있으나 실제는 그 반대이기 때문이다. 세상 사람들은 하나님을 믿는 사람들을 보고 그들이 미련하고 약하고 없기 때문에 있지도 않은 하나님께 매달린다고 치부하며 겸손해지기 보다는 더욱 더 교만해지는 것이 보통이다. 그러므로 이러한 의미의 말씀은 아니라는 것을 바로 알 수가 있다.

하나님께서 우리를 택하신 것은 우리의 학식이나 문벌이나 강함이나 부유함 등을 보시고 택하신 것이 아니다. 우리가 하나님의 부르심을 받았을 때 우리는 생각하게 된다. 하나님 보시기에 내가 다른 사람보다는 무엇인가 우월한 점이 있기 때문에 나를 택하신 것이 아닌가 하고. 우리 중에는 육체를 따라 지혜롭고 능하고 문벌이 좋은 것 등 모든 것을 다 겸비한 자는 극히 드물 것이다. 왜냐하면 이것들은 모두 세상 사람들이 추구하는 보편적 가치 기준이자 가치 충족이 쉽지 않은 것들이기 때문이다.

지혜와 능력은 있는데 가문이 좋지 않다든가 가문은 좋은데 지혜와 능력이 부족한 경우 등이 그것이다. 지혜, 능력, 재산, 학벌, 가문 등에 있어서 내놓을만한 것이 아무것도 없는 사람이라고 할지라도 자신에게서 남에게 뒤지지 않은 좋은 점을 애써 찾아내게 되는데, 예컨대 자신은 선하고 참되어서 거짓말을 하지 못한다거나 의롭고 정의로워서 불의를 보고 참지 못한다는 것 등이 그것이다.

이것은 이상한 일이 아니고 선악과를 따먹고 하나님처럼 된 사람들의 일반적 속성이기 때문일 것이다. 속된 말로 저 잘난 맛에 사는 것이다. 그런데 이러한 사람들 중에서 아무라도 택함을 받고 있다는 것이다. 지혜가 있어서도 아니고 능력이 있어서도 아니며 가문이 좋아서도 아니다. 미련하거나 능력이 없는 자가 택함을 받았으므로 택함의 기준이 지혜나 능력이 아니며 문벌이 좋지 않은 자들이 택함을 입었으니 택함의 기준이 문벌의 좋고 나쁨에 있는 것도 아니라는 것이다.

부끄럽다의 반의어는 자랑스럽다 이다. 그러므로 미련하고 약하고 천하고 멸시 받는 것들을 택하사 지혜있고 강하고, 있는 것들을 부끄럽게 하신다는 뜻은 택함을 입은 자들이 자신들의 지혜와 강함과 있음을 자랑스럽게 생각하지 못하게 하신다는 뜻이다. 택함을 입은 자 즉 예수의 구속함이 된 자들은 모두 하나님께서 난 자들이라는 것을 알아야 한다. 즉 우리의 지혜와 능력과 열심을 포함한 우리의 사람 됨됨이 등은 모두 하나님께서 난 것이고 우리의 것은 아무것도 없는 것이다.

우리가 가진 모든 것은 우리의 것이 아니고 우리를 빚으신 하나님의 것이라는 것을 알기에 우리는 우리의 것이 아무것도 없게 된 자들인 것이다. 우리의 것이 없으므로 자랑할 것도 없다. 자랑은 오직 주 밖에 있는 자들의 것이다.

주 밖에 있다는 것은 자신의 눈이 육체에 머물고 있다는 뜻이다. 우리가 주 밖에 있으면 우리는 우리의 육체의 영광을 구하게 되고 육체의 영광을 구하기 위해서는 자랑을 하게 되어 있다.

그러므로 자랑하는 자는 주 안에서 자랑거리를 찾아야 할 것이다. 그러면 자연히 자신이 자랑거리라고 생각했던 것이 전혀 자랑할 만한 것이 아니게 되고 따라서 자랑을 하지 않게 된다는 것이다.

이상으로 우리는 31절의 말씀, 자랑하는 자는 주 안에서 자랑하라는 말씀의 뜻을 주 안에 있는 자는 자랑을 하지 않는다는 의미라는 것으로 이해할 수 있다. 사도 바울은 히브리인 중의 히브리인이요 율법으로는 바리새인 중의 바리새인이며 학식으로는 가말리엘 문하에서 수학을 할 정도의 대 학자요 신분으로는 당시 로마의 시민권을 소유할 정도로 위세가 등등하였으나 이러한 것들을 모두 배설물로 여긴다고 하였다. 배설물은 수치스러운 것이다. 주 안에 있는 바울에게 있어서 자신의 육체를 영화롭게 했던 모든 것들이 자랑스럽기 보다는 오히려 수치스러운 것이 되었다는 것을 바울은 고백하고 있는 것이다.

육체를 자랑스럽게 하는 것들이 예수를 핍박하는데 사용되는 도구가 되었기 때문에 그것들이 수치스러운 것이 된 것이다. 바울이 구원 받은 것은 유대인이어서도 아니고 학식이나 문벌이 좋아서도 아니었다.

태초에 하나님께서 구원하시기로 미리 정해 놓으셨기 때문인 것이다. 예수는 유대인의 예수도 아니요 헬라인의 예수도 아닌 나의 예수가 되어야 한다. 왜냐하면 우리가 유대인으로 구원 받는 것도 아니요 헬라인으로 구원 받는 것도 아니기 때문이다.

유대인의 나 헬라인의 나가 아닌 그냥 아무것도 아닌 나이기 때문에 내가 구원 받는 것이다. 이러한 자가 주안에 있는 자이고, 주안에 있는 자는 나를 자랑하기 위해 사는 것이 아니고 전도의 미련한 방법을 사용하여 우리를 구원하시는 주님의 일에 참여하는 것을 기뻐하며 살아가는 자들일 것이다.

　'하나님 아버지!
　죄에 눌려서 저희의 자랑거리를 챙기며 살아가고 있는 저희들을 일깨우시어 주님을 자랑하게 하시고 전도의 미련한 방법을 사용하시어 우리를 구원하시는 것을 기뻐하시는 주님의 일에 저희도 기뻐 참여하는 자가 되도록 인도하여 주시옵소서. 예수님의 이름으로 기도드립니다. 아멘'

9.
깨어져야할 항아리

 "16 삼백 명을 세 대로 나누어 각 손에 나팔과 빈 항아리를 들리고 항아리 안에는 횃불을 감추게 하고 17 그들에게 이르되 너희는 나만 보고 내가 하는 대로 하되 내가 그 진영 근처에 이르러서 내가 하는 대로 너희도 그리하여 18 나와 나를 따르는 자가 다 나팔을 불거든 너희도 모든 진영 주위에서 나팔을 불며 이르기를 여호와를 위하라, 기드온을 위하라 하라 하니라 19 기드온과 그와 함께 한 백 명이 이경 초에 진영 근처에 이른즉 바로 파수꾼들을 교대한 때라 그들이 나팔을 불며 손에 가졌던 항아리를 부수니라"(사사기 7:16-19)

하나님께서는 여호수아를 통해 가나안 정복 전쟁을 승리로 이끄시고, 하나님의 백성을 가나안 땅에 들이시어 하나님의 백성되게 하시는 일에 몰두하신다.

신명기 20장 16-18절을 통해 하나님께서는 이스라엘에게 기업으로 주시는 성읍에서는 호흡 있는 자를 하나도 살리지 말라고 하시며 그 이유를 그들이 그 신들에게 행하는 모든 가증한 일을 행하게 함으로 하여 여호와께 범죄하게 할까 함이라고 하셨다. 이것은 하나님의 언약이자 새 창조 계획인 것이다. 하나님의 언약은 하나님의 작정이고 하나님께서 작정하신 것은 이루어지게 된다. 하나님께서는 창세전에 하나님의 백성을 택하시고 택하신 백성만을 천국에 들여보내신다. 그러므로 가나안 땅에는 이스라엘 백성 이외의 그 어떤 사람도 살게 해서는 안 되는 것이다.

가나안은 천국의 모형이자 천국의 그림자인 것이다. 천국 사람들은 오직 하나님만을 의지하고 살아야 한다. 자신의 생각과 사상을 버려야 한다. 하나님께서 하라는 대로 하나님의 명령에 복종하고 순종해야 한다. 전투력이 없는 아이나 노인 쯤 살려놓는다고 해서 문제 될 것이 있겠느냐고 생각할 수 있겠다. 하지만 이것은 사람의 판단이다. 하나님의 말씀에 이유를 대서는 안 된다. 하나님의 말씀만이 진리이기 때문이다.

그런데 사람은 별 수 없다. 사람의 판단에 따라서 옳은 대로 행동할 수밖에 없기 때문이다. 그래서 전투력이 없는 아이나 여자나 노인 중 얼마를 죽이지 않고 남겨 두었을 것이다. 하나님의 백성만이 살아야 하는 곳에 하나님의 백성이 아닌 사람이 함께 살면서 그들이 섬기는 토속 신앙에 말려들어 하나님을 떠나 살게 될 수 있는 여지를 남겨 두었던 것이다.

하나님께서 경고하신대로 그들은 풍요를 가져다준다고 하신 바알과 아세라를 하나님과 겸하여 섬겼다. 그들은 하나님 이외에 다른 신이 없다는 사실을 알지 못하고 하나님 이외에도 다른 신이 있는 것으로 믿었던 것이다.

이러한 백성들에게 하나님만이 유일신임을 알도록 하기 위해 남겨 놓은 이방 민족들이 블레셋 다섯 군주들과 모든 가나안 족속과 시돈 족속과 바알 헤르몬 산에서부터 하맛 입구까지 레바논 산에 거주하는 히위 족속이라고 사사기 3장 2-3절에 기록되어 있다. 사사기는 범죄한 백성 이스라엘을 이방 민족을 사용하여 징계하시고 사사를 통해 승리로 이끄시는 하나님의 사역을 기록한 책이다.

맨 처음 사사는 옷니엘로서 갈렙의 아우 그나스의 아들이었다. 옷니엘은 갈렙의 조카이므로 사사로 받아들이는 데 있어서 무리가 없어 보인다. 옷니엘에 이어서 에훗, 삼갈, 드보라를 통해 적의 손에 맡기어 구원하시기를 반복하신 하나님께서는 또다시 이방 신들을 섬김으로 하여 범죄한 이스라엘을 미디안의 손에 맡기어 7년간 고통 받도록 하신다.

미디안의 착취와 억압이 얼마나 심했는지를 엿볼 수 있는 구절이 6장 11절인데 기드온이 미디안 사람에게 알리지 아니하려 하여 밀을 포도주 틀에서 타작하더니 라고 기록되어 있다. 기드온은 특별한 사람이 아니고 그저 요아스의 아들이라고만 기록된 것으로 보아서 지극히 평범한 사람인 것으로 생각된다. 더구나 평민 중에서도 지극히 작은 자임이 6장 15절에 나타나 있다.

기드온은 므낫세 지파 중에서도 가장 작은 집이며 아버지 집에서도 가장 작은 자라고 고백하고 있다. 이러한 기드온에게 하나님의 사자가 나타나서 큰 용사여 여호와께서 너와 함께 계시도다 라고 말한다. 하찮은 평민 기드온이 여호와가 함께 하심으로 하여 갑자기 큰 용사가 된 장면이 잘 나타나 있다. 그러나 기드온은 이것을 쉽게 받아들일 수가 없었다. 그 말이 사실이라는 표징을 달라고 한다. 바위에서 불을 내어 고기와 무교병을 사르는 이적을 보고서야 하나님의 사자의 말이 사실임을 믿고 말씀에 순종하기 시작한다.

아버지 집에서 지극히 작은 자인 기드온이 아버지 집의 바알 제단을 허물고 아세라 목상을 찍어내게 된 것이다. 여기서 아버지의 지혜가 돋보인다. 아들을 죽이겠다는 성읍 사람들에게 바알이 과연 신일진대 그의 제단을 파괴하였은 즉 그가 자신을 위해 다툴 것이니라 하고 하였다. 기드온이 죽지 않은 것으로 보아서 기드온이 바알과 싸워서 이긴 것이고 바알과 싸워 이길 수 있는 분은 하나님 밖에 없기 때문에 하나님이 기드온과 함께 하심이 입증된 셈이 된 것이다.

여기서 여룹바알(바알과 다투는 자)이라는 기드온의 별칭이 생기게 된다. 이러한 소문이 이스라엘 전체에 퍼지게 되어 기드온과 함께 미디안과 싸우겠다고 나선 병사들의 수가 3만 2천에 이르게 된다. 의심 많은 기드온은 다시 한 번 하나님께 증거를 구한다. 6장 37절에서 양털을 타작마당에 두었을 때 이슬이 양털에만 내리게 해 달라고 한다. 말한 대로 된 것을 보고도 또 다시 하나님께 확증을 달라고 요청한다.

이제는 반대로 땅에만 이슬이 내리고 양털에는 내리지 말게 해달라고 말한 것이 6장 39절에 기록되어 있으며 하나님께서는 이번에도 역시 그대로 행하셨다. 세상에서 가장 하찮은 존재라고 생각했던 자신이 갑자기 대장이 되어서 3만 2천 명의 병사를 이끌고 강한 적 미디안과 싸우게 되었다면 누구라도 이같이 하였을 것이다.

그런데 하나님께서는 3만 2천명의 병사가 너무 많다고 하신다. 이유인 즉 이스라엘이 하나님을 거슬러 스스로 싸워 이겼다고 생각할까 염려되기 때문이라고 하신다. 두려워 떠는 자들은 모두 돌아가도록 하신 것이다. 두려워 떠는 자들은 누구일까? 그들은 곧 믿음이 약한 자들이다. 믿음이 약한 자들은 전쟁의 승리를 자신들의 공으로 치부하게 되어있기 때문이다.

이 때 2만 2천명의 병사들이 썰물처럼 빠져 나가게 된다. 남은 만 명은 더욱 두려웠을 것이다. 나도 집에 돌아갈 것을 괜히 남았다고 생각했을 것이다. 그런데 한 술 더 떠서 하나님께서는 만 명도 너무 많다고 하신다. 만 명 중에서 개 같이 물을 핥아 먹는 자들만 데려 가시겠다는 것이다.

개는 어떤 동물인가? 사람에게 순종하는 동물이다. 하나님께서는 사람에게 순종하는 개와 같이 하나님께 순종하는 300명만의 병사만 데리고 싸우라고 하신 것이다.

300명은 어떤 사람들인가? 그 300명은 하나님이 스스로 택하신 하나님의 백성이다. 이들은 병사의 수에 관계없이 하나님이 함께 하시면 반드시 전쟁에서 승리할 것이라는 확신을 가진 자들일 것이다. 그런데 무엇보다도 중요한 것은, 본문 말씀에는 나와 있지 않지만, 그러한 확신은 하나님께서 그들에게 주셨다는 것을 깨달아 알 필요가 있다.

그들에게는 두려움이 없다. 왜냐하면 하나님이 그들과 함께 하시기 때문이다. 모세를 통해 자신의 조상을 에굽에서 탈출하도록 하시었고, 여호수아를 통해 가나안 정복 전쟁을 승리로 이끄신 하나님께서 함께하시면 두려울 것이 없다는 믿음을 가진 자들이 바로 기도온을 필두로 한 300병사들인 것이다.

그런데 전쟁을 하는 방법이 좀 특이하다. 병사들의 손에는 무기를 들게 하신 것이 아니고 횃불을 감춘 빈 항아리와 나팔을 들게 하신 것이다. 빈 항아리는 질그릇인 하나님의 백성을, 횃불은 질그릇 안에 내재하신 성령 하나님을, 그리고 나팔은 그 하나님의 심판을 의미하는 것으로 볼 수 있을 것이다. 또한 보리떡 하나에 벌벌 떠는 미디안 군대를 통해서 알 수 있는 것은 미디안 전쟁은 생명의 떡이신 예수 그리스도께서 승리로 이끄셨음을 짐작할 수가 있다.

하나님께서는 우리를 항아리에 비유하신다.

그리고는 전쟁을 하기 전에 그 항아리를 부서뜨려 버리신다. 하나님의 백성이 전쟁을 할 때에 하나님 앞에서 그들의 힘과 능력은 아무 쓸모가 없다는 것을 에둘러 말씀하고 계신다. 그것은 부서져야 할 것들이다. 그래서 부서뜨려 버리신 것이다.

질그릇 안에 감춰진 횃불 곧 성령의 능력으로 싸워야만이 전쟁을 승리로 이끌 수 있다는 것을 강조하고 계신 것이다. 이스라엘 역사를 통해서 알 수 있듯이 전쟁은 하나님께서 하실 때 승리하였다. 하나님을 앞세우고 하나님 뒤로 숨어야 전쟁에 승리할 수가 있다.

우리는 하루에도 수없이 많은 영적 전쟁을 치루며 살아가고 있다. 그때마다 우리는 우리 안에 계시는 예수님의 영이신 성령 하나님의 뒤로 숨어야 할 것이다. 그래야만이 그 전쟁에서 승리할 수가 있을 것이다.

예수 그리스도를 앞세우고 싸운다면 백전백승이지만 승리의 공은 예수 그리스도로 돌아가게 될 것이다. 이것이 예수님과 동행하는 삶이자 하나님께 영광 돌리는 삶이 아니겠는가 하는 생각을 해 보게 된다.

또한 미디안 전쟁을 통해서 우리가 깨달아 알 수 있는 것은 빈 항아리여야만이 횃불이 안에 들어올 수 있고, 빈 항아리 안에 횃불이 들어오면 빈 항아리는 깨어져야 한다는 사실이다. 항아리가 깨어지면 자연히 항아리 안에 있는 횃불은 빛을 발하게 될 것이기 때문이다. 이같이 생각해 볼 때 세상의 빛은 부서진 항아리로 인해 발하게 된다는 것을 알 수가 있다. 자신이 깨어짐으로 하여 자신 안에 감추어진 빛을 드러내는 방법 이외에 항아리가 빛이 될 수 있는 방법은 없을 것이다. 그러므로 빛은 오직 하나 예수 그리스도 밖에 없음을 알게 된다. 우리 모두 부서짐으로 하여 우리 안에 빛이 발하게 될 때 그리스도의 영광이 가득 하리라 믿는다.

복음의 본질과
생명의 영성을 회복합시다!

복음의 본질을 깨닫고/생명의 영성을 누리는
성경적 메시지!

장영출 목사 지음

「두 자녀를 잘 키운 삼숙씨 이야기」의 저자
정삼숙 사모의 성경적 체험 양육법!

성경적 영적 성품 12가지 심기!
①소통 ②갈등 ③관계 ④기도 ⑤상처 ⑥분노 ⑦용서 ⑧순종
⑨습관 ⑩비전 ⑪동행 ⑫낙심을 자녀에게 신앙 유산으로 남겨주십시오.

정삼숙 사모 지음

맞춤형 30일간
무릎기도문 시리즈

기도하면 문제가 해결됩니다!

망망한 바다 한가운데서 배 한 척이 침몰하게 되었습니다.
모두들 구명보트에 옮겨 탔지만 한 사람이 보이지 않았습니다.
절박한 표정으로 안절부절 못하던 성난 무리 앞에 급히 달려 나온 그 선원이
꼭 쥐고 있던 손바닥을 펴 보이며 말했습니다.
"모두들 나침반을 잊고 나왔기에 … "
분명, 나침반이 없었다면 그들은 끝없이 바다 위를 표류할 수 밖에 없을 것입니다.

우리는 삶의 바다를 항해하는 모든 이들을 위하여
그 나침반의 역할을 하고 싶습니다.
우리를 구원하신 위대한 주 예수 그리스도를 널리 전하고 싶습니다.

"하나님은 모든 사람이 구원을 받으며
 진리를 아는 데에 이르기를 원하시느니라"
 (디모데전서 2장 4절)

수학자가 찾은 진리

지은이 │ 안승호 교수
발행인 │ 김용호
발행처 │ 나침반출판사

제1판 발행 │ 2016년 12월 10일

등   록 │ 1980년 3월 18일 / 제 2-32호
주   소 │ 07547 서울특별시 강서구 양천로 583
         블루나인 비즈니스센터 B동 1607호
전   화 │ 본사 (02) 2279-6321 / 영업부 (031) 932-3205
팩   스 │ 본사 (02) 2275-6003 / 영업부 (031) 932-3207
홈   피 │ www.nabook.net
이메일 │ nabook@korea.com / nabook@nabook.net

ISBN   978-89-318-1530-6
책번호 가-9057

값은 뒷표지에 있습니다.